Österreich

SOUL PLACES

Sven Eisermann

HAUS CIAN

Grüß Gott!

Soul Places. Seelenplätze. Was ist das genau? Es sind einzigartige Plätze in Österreich, die berühren und inspirieren, die ein Gespür für das Land und seine Bewohner, ihren Charakter und ihre Lebensart widerspiegeln. Es sind Plätze, die sich tief in die Erinnerung einprägen. Für mich sind es dabei oft die auf den ersten Blick unscheinbaren Orte, die diese besondere Magie ausstrahlen: Beispielsweise einfach nur in Wien an der Donau zu sitzen und den vorüberziehenden Schiffen hinterherzublicken – wohl wissend, dass sie oft bis zum Schwarzen Meer weiterziehen.

So wie ganz Österreich ein Land im Übergang ist – so ist auch die Mentalität der Menschen voller Facetten. Erinnern die alten Traditionen und Dialekte des Salzkammerguts noch stark an bayerisches Brauchtum und bayerische Mundart, so spürt man im Burgenland und in der Südsteiermark schon die Nähe zu Ungarn und Slowenien. In Wien, Graz und Linz pulsiert das urbane Leben und doch findet man auch Orte voll dunkler Melancholie. Eines haben aber alle Orte gemeinsam: In großen Teilen der Alpenrepublik regiert noch immer die Gemütlichkeit! Vieles läuft weniger hektisch und strikt ab als beim großen deutschen Nachbarn. Deshalb sollte man sich auf Österreich in aller Ruhe einlassen, sich Zeit nehmen und die Orte mit allen Sinnen aufnehmen. Das sorgt in Österreich seit Generationen dafür, dass Menschen, die sich in einen Platz verliebt haben, immer wieder gerne zurückkommen: sei es in das kleine Wiener Heurigenlokal, in die urige Kärntner Mittelalter-Stadt, zum Sonnenuntergang an den Bodensee oder in die alpine Holzhütte mit ihrem ganz besonderen Duft.

Ich wünsche Ihnen, liebe Leserinnen und Leser, dass Sie Ihren ganz persönlichen österreichischen Soul Place für sich entdecken werden – und falls ich Ihnen dabei ein wenig behilflich sein kann, freut es mich umso mehr.

Herzlichst

Inhalt

21 Mittelalterliche Filmkulisse und Rundumblick: Hainburg.

22 Ein Tag am See mit kulinarischem Abschluss: Illmitz.

23 Ein Winzerort feiert sein Comeback. Rust überzeugt.

24 Wo ein Kaiser in der Wiener Neustadt begraben liegt.

25 Kristallklares, kühles Nass in Bad Fischau-Brunn.

26 Die Festspiele von Reichenau verzaubern die Besucher.

27 Zurückversetzt in die Belle Époque eines Kurortes.

28 Versteckte Winkel und Schätze einer Stadt erkunden.

29 Wasser auf der Haut spüren und regenerieren.

30 Graz – ein mächtiger Uhrturm auf dem Schlossberg.

31 Ganz nah an der Großstadt durch urwüchsige Natur.

32 Faszinierende und umstrittene Architektur in Graz.

33 Das bunte Treiben eines Stadtplatzes. Frohnleiten.

34 Gastfreundschaft, Burgen und gutes Essen: Friesach.

35 Gurker Dom. Architektonischer Schatz im Nirgendwo.

36 Durch 14 Tore musst du gehen. Burg Hochosterwitz.

37 Wörthersee: Über den Luxussee der High Society.

38 Ausblick von ganz oben: Villachs Campanile.

39 Beeindruckender Arkadenbau mit Gruselgarantie.

40 Für Romantiker: südländisches Flair am Bodensee.

41 In der Zeit zurückversetzt werden in Bregenz.
42 Wanderung vom Geisterdorf zum Turm im Wasser.
43 Wie im Heimatfilm - das Bergdorf Bschlabs.
44 Ein Refugium für einen König am Fernsteinsee.
45 Wenn die Gischt das Gesicht benetzt - Umhausen.
46 Zu Besuch bei den Schleichern aus Telfs.
47 Die steile Martinswand ist etwas für Schwindelfreie.
48 Innsbruck: Entdeckungen in einer Stadt der Gegensätze.
49 Wer wagt, gewinnt! Durch den Olympia Eiskanal.
50 Über und unter Eis. Märchenhafte Stille im Gletscher.
51 Waghalsig über die Teufelsbrücke im Zillertal laufen.
52 Tratzberg. Das Mittelalter muss nicht düster sein!
53 Ein bisschen Skandinavien in Tirol am Achensee.
54 Rattenberg: Im Advent wird die Stadt hell erleuchtet.
55 Hoch hinauf: Ein Wallfahrtsort wie er im Buche steht.
56 Die Tiroler Festspiele begeistern mit Wagner.
57 Ein Juwel mit Geheimnis: der Tiroler Hechtsee.
58 Hoch auf den Berg! Wanderung auf das Kranzhorn.
59 Ein Abstecher in die Urgeschichte, umgeben von Idylle.
60 Auf ins Habachtal zur grünen Smaragd-Jagd.

61 Geisterhotels, ein Wasserfall und etwas Wellness.

62 Eindrucksvoller Sonnenaufgang auf dem Hochkönig.

63 Schlendern, schmausen, shoppen. Altstadt von Hallein.

64 Geschmacksnoten der Brennerei Guglhof.

65 Ein sagenumwobener Berg, der Wanderer verschluckt.

66 Salzburg: Jedermann und Buhlschaft.

67 Idylle auf einem Friedhof direkt in Salzburg.

68 Ein fast bayerischer Biergarten mitten in Salzburg.

69 Hallstatt: Ein Touristenhotspot für sich allein.

70 Privater Rückzugsort fürs Kaiserpaar. Bad Ischl.

71 Nur eine Brücke verbindet das Schloss mit dem Ufer.

72 Gemeinsam durch die Rauhnächte am Traunsee.

73 Braunau. Eine Stadt, die so viel mehr zu bieten hat.

74 Spaziergang vorbei an bunten Häuserfassaden.

75 Ein wertvolles Kleinod des frühen Mittelalters.

76 Zwei Heilige, eine Basilika und ein Stadtturm in Enns.

77 Wer durch den Kultstein schlüpft, wird geheilt.

78 Wenn Fußball die Herzen erobert. Die Stadien in Linz.

79 Über den Dächern – den Mariendom in Linz besteigen.

80 Erst mit der Bahn auf den Berg, dann darunter.

Leidenschaft ist immer siegreich.

Theodor Fontane

Das Leben erleben

Die Kultur schmecken

Den Puls spüren

VOLLER ENERGIE & TATENDRANG

Genuss

Momente für die Ewigkeit schaffen

SICH INS ABENTEUER STÜRZEN

NEUE BEKANNTSCHAFTEN SCHLIEßEN

#eintauchen

kommunikativ sein

LOVE

Es gibt keine richtige Art, die Natur zu sehen. Es gibt hundert.

Kurt Tucholsky

BREATHE IN
BREATHE OUT

ZUR MITTE FINDEN

Natürlich
Natürlich
Natürlich
schön

Heilende
Ruhe

EINE PAUSE MACHEN

#Achtsamkeit

into the
unknown

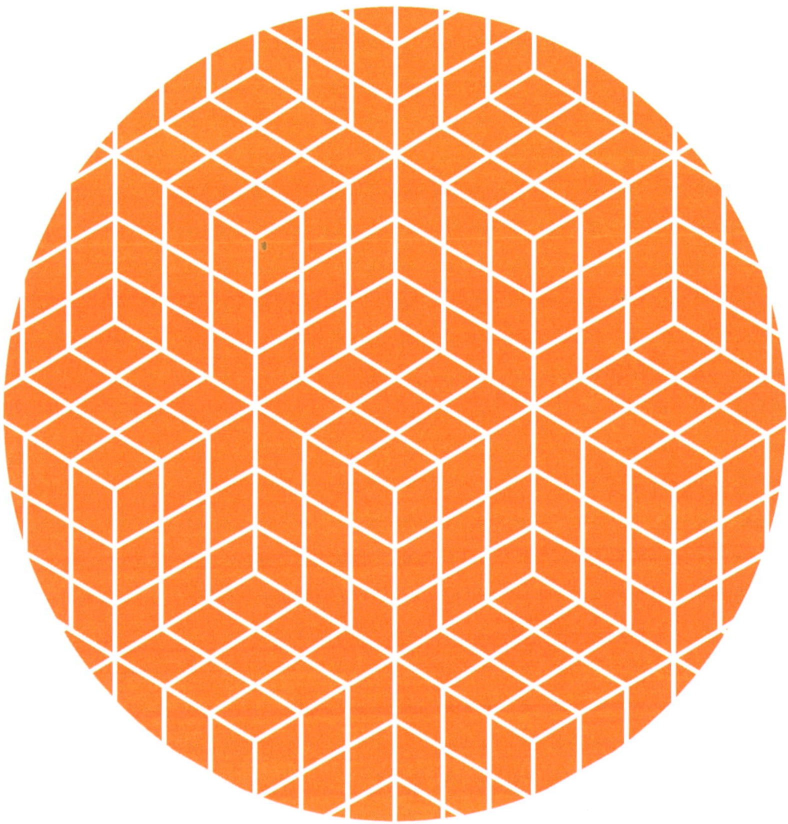

**Der Geist spricht zum Geist
und nicht zu den Ohren.**

Giacomo Girolamo Casanova

Bewusstsein

123

Once upon a time ...

Den Geist beschäftigen

Kreativität ist ein Fluss

KULTUR

MYSTIK & MAGIE

NEUE PERSPEKTIVEN GEWINNEN

Heidelandschaft, Heurige und ein mächtiger Wehrturm am ehemaligen Urmeer.

Südlich von Wien beginnt die sogenannte Thermenregion. Hier herrscht ein eigenständiges Klima, die Wälder bestehen großteils aus Föhren und der Wein ist sonnenverwöhnt. Mit seiner Unzahl an Heurigenlokalen und dem mächtigen Stadtturm ist Perchtoldsdorf nicht nur für Wiener ein beliebtes Ausflugsziel. Außerdem besitzt der Ort mit der Perchtoldsdorfer Heide ein einzigartiges Kleinod.

Esel, Ziesel und das Wiener Becken im Blick

Zwischen alten Villen der Kaiserzeit und den dunklen Anhöhen des Wienerwalds hat sich gleich eines Zwischenstockwerks eine ganz besondere Flora und Fauna erhalten. Wer wildlebende Ziesel beobachten will, ist goldrichtig. Mit etwas Glück sieht man die possierlichen Nagetiere über die Heide huschen. Von Frühling bis Spätsommer umschmeicheln unterschiedlichste Wildkräuter die Nase und man fühlt sich förmlich in mediterrane Gefilde versetzt. Vor Millionen Jahren lagen hier die Gestade eines Urmeeres und bereits in der Jungsteinzeit war die Gegend besiedelt. Beschwingt von der positiven Energie federt man über die sanften Hügel – vorbei an markanten Büschen und Schafherden. Weit schweift der Blick über das Wiener Becken bis zu den Kleinen Karpaten der Slowakei. Direkt unterhalb der Heide grüßt vom historischen Ortskern aus der mächtige Wehrturm.

Zünftiger Abschluss beim Heurigen

Der massive mittelalterliche Turm ist mit seinen sechzig Metern Höhe nicht nur eine unübersehbare Landmarke, er ist auch Österreichs größter erhaltener Wehrturm. Gleich neben dem Wahrzeichen gibt es Theater: Im Sommer finden die beliebten Sommerspiele Perchtoldsdorf statt. *Last, but not least:* Über die ganze Marktgemeinde verteilt laden Heurige zur Einkehr ein. Traditionelle Hinweistafeln an den Ortsrändern geben bekannt, welcher Weinbaubetrieb gerade geöffnet hat – der ideale kulinarische Abschluss jedes Perchtoldsdorf-Ausflugs!

Wo?

Parkplatz Perchtoldsdorfer Heide, Schutzhausstraße, 2380 Perchtoldsdorf. Mit ÖPNV von Wien: Straßenbahn 60 bis Endstation Rodaun, ca. 15 Minuten Fußweg

Wann?

Besonders schön blüht die Heide im Frühling. Termine der Sommerspiele Perchtoldsdorf: www.sommerspiele-perchtoldsdorf.at

Wichtiges

Von der Perchtoldsdorfer Heide aus kann man u. a. weiter wandern bis zur Franz-Ferdinand-Hütte im Wienerwald.

Wildschweine, Vögel und Insekten. Ruhe in einer Metropole.

Der Lainzer Tiergarten ist größer als so mancher Wiener Gemeindebezirk – und damit keine Missverständnisse aufkommen: Er ist kein Tierpark im klassischen Sinne, sondern ein wildes und großteils unberührtes Naturareal mit bemerkenswertem Wildtierbestand. Einstmals wurde er als Jagdrevier für den Kaiser mit einer Mauer umgeben, heute ist er eines der wichtigsten Naherholungsgebiete der Wiener. Angst vor frei laufenden Wildschweinen darf man allerdings nicht haben!

Gezwitscher und Gesumme

Es gibt mehrere bewachte Tore, über die man den Lainzer Tiergarten betritt. Radfahren ist ebenso wenig gestattet wie das Mitbringen von Hunden. Mit etwas Glück begegnet man dafür Fuchs und Hase oder den Herrschern des Areals: den Schwarzkitteln. Ein wenig mulmig kann einem schon werden, wenn plötzlich im Wald ein paar Meter entfernt ein kapitaler Keiler auf der Bildfläche erscheint. In der Regel sind die Tiere aber ungefährlich. Trotzdem sollte man sich bei einer Begegnung defensiv verhalten und nicht in Hektik verfallen. In den letzten Jahren gab es nur ganz selten unangenehme Begegnungen, ein wenig haben sich die Wildschweine bereits an die Besucher gewöhnt. Wer den Lainzer Tiergarten durch das kaum frequentierte Pulverstampftor betritt und den leicht ansteigenden Weg über Lichtungen am Bach entlangwandert, hört noch circa eine Viertelstunde lang die Geräusche der Westautobahn, ehe am Johannser Kogel friedliche Ruhe vorherrscht und nur die Geräusche der Natur zu hören sind. Beim Summen der Insekten und dem Blick auf die uralten Eichen kann man prächtig die Seele baumeln lassen – am vermutlich ruhigsten Platz Wiens.

Sisis „Schloss der Träume"

Wer es belebter und geschichtsträchtiger mag: Gleich in der Nähe des Lainzer Tores hat Kaiser Franz Joseph I. seiner geliebten Gemahlin Elisabeth (Sisi) mit der Hermesvilla ein Jagdschlösschen errichten lassen, damit sie sich von den Strapazen des Wiener Hofs erholen konnte. „Schloss der Träume" nannte die Kaiserin das Refugium im Wienerwald. Allzu häufig hat sie darin allerdings nicht geträumt, sondern begab sich lieber auf weitere Reisen. Im Rahmen einer Besichtigung gewinnt man dennoch gute Einblicke in das Privatleben des Kaiserpaares.

Wo?

Ganz im Westen Wiens gelegen. Zugang über mehrere Tore, unter anderem Lainzer Tor (Bus 56B), St. Veiter Tor (Nähe U3 Station Hütteldorf) und Pulverstampftor (Nähe S50 Station Wolf in der Au)

Wann?

Die Öffnungszeiten variieren je nach Jahreszeit. Eintritt frei. Infos unter: www.lainzer-tiergarten.at. Infos zur Hermesvilla: www.wienmuseum.at/hermesvilla

Wichtiges

Ein Flyer, den man an den Häuschen an den Toren erhält, informiert über die Wanderwege im Lainzer Tiergarten. Einige Gaststätten sorgen für das leibliche Wohl.

Ein schöner Brunnen, ein Taubenhaus und die Kleine Gloriette.

Rund um Schloss Schönbrunn tummeln sich fast das ganze Jahr Massen an Touristen – das Aushängeschild der Habsburgermonarchie gilt mit jährlich rund acht Millionen Besuchern neben dem Stephansdom als unangefochtenes Highlight Wiens. Doch der Schönbrunner Schlosspark ist so groß, dass man selbst zur Hauptsaison ein ruhiges Plätzchen findet. Die Anlage besitzt etliche versteckte Winkel, die nicht einmal manche Wiener kennen. Sie ist gleichzeitig ein Musterbeispiel barocker Gartenbaukunst und hütet etliche Geheimnisse.

Geheimer Symbolismus durchzieht den Park

Maßgeblich verantwortlich für die Gestaltung des Schlossparks waren die Architekten Kaiserin Maria Theresias und ihres Gemahls Kaiser Franz Stephan. Letzterer gehörte dem Geheimbund der Freimaurer an und interessierte sich brennend für die wissenschaftlichen Erkenntnisse seiner Epoche. Seine Gartenarchitekten ließen den Schlosspark in durchdachten geometrischen Formen anlegen und statteten ihn mit einer Unzahl an Symbolen aus. Stilistisch inspirieren ließ man sich von unterschiedlichen Epochen der Weltgeschichte: So finden sich im Park etwa ein ägyptischer Obelisk oder eine römische Ruine. Ein romantisches und gleichsam geheimnisvolles Detail von besonderer Raffinesse: Die Sichtachse zwischen kaiserlichen Gemächern und dem Pavillon im Schönbrunner Tiergarten wurde wohl exakt so ausgelegt, dass zum Geburtstag Maria Theresias am 13. Mai die Sonne durch das Mittelfenster des Pavillons scheint und diesen mit magischem Licht durchflutet.

Woher Schönbrunn seinen Namen hat

In den hinteren Park-Winkeln verstecken sich besonders lauschige Plätzchen: etwa der Schöne Brunnen – eine Quelle, die der gesamten Schlossanlage ihren Namen gab. Gehütet wird sie von der Quellnymphe Egira. Hübsch anzusehen ist auch das Taubenhaus inklusive seiner gefiederten Bewohner. Wenn man östlich der Hauptachse den bewaldeten Hang hinaufsteigt, gelangt man nicht gleich zur berühmten Gloriette, sondern kommt an der sogenannten „Kleinen Gloriette" in der Nähe des Maria-Theresien-Tores vorbei. Sie wurde als achteckiger Turmbau errichtet und ist nur zu besonderen Anlässen geöffnet. Der Blick von der Gloriette über Schloss und weite Teile Wiens ist atemberaubend.

Wo?

Schlosspark Schönbrunn. Schönbrunner Schloßstraße 47, 1130 Wien. Eingänge in der Nähe der U4-Stationen Schönbrunn oder Hietzing

Wann?

Der Schlosspark ist täglich geöffnet. Saisonale Öffnungszeiten unter: www.schoenbrunn.at/ueber-schoenbrunn/der-schlosspark

Wichtiges

Es lohnt sich, den Schlosspark über das Meidlinger Tor zu betreten, sich Richtung Obelisk und Gloriette zu halten und ihn über Schloss, Palmenhaus und das Hietzinger Tor wieder zu verlassen (ca. 1–2 Stunden Gehzeit).

Ein Tag Urlaub mit Nostalgie-Faktor: Eines der schönsten Freibäder Österreichs.

Am 1. Mai 2025 feiert das Waldbad am Stadtrand Wiens sein 100-jähriges Jubiläum. 1925 wurde es gegründet und hat sich bis heute sein nostalgisches Flair bewahrt. Seit vielen Jahrzehnten wird es als Familienbetrieb geführt und ist eines der wenigen noch existierenden Privatbäder Wiens. Da es nicht wie die städtischen Bäder subventioniert wird, hat es natürlich seinen Preis. So mancher Badegast musste ob des Eintritts schon schlucken – rund 20 € muss man für einen ganzen Tag berappen.

Baden wie in den 1920er-Jahren

Für das Geld bekommt man aber etwas Einzigartiges in Wien: einen Tag purer Erholung in herrlichster Wienerwald-Landschaft. Schon der Duft der alten Holzkabinen und Kästchen betört die Nase. Es gibt neben zwei größeren Liegewiesen auch zwei FKK-Bereiche, getrennt für Männlein und Weiblein. Das nostalgische Glanzlicht im Neuwaldegger Bad ist das historische Buffet mit dem überdachten, zum Pool hin offenen Gastraum aus Holz. Hier scheint die Zeit stillzustehen, seit man im „Schwimm-, Luft- und Sonnenbad" Sommerfrische gehalten hat. Das leibliche Wohl wird seit eh und je von bodenständiger Wiener Küche befriedigt – ein Klassiker sind die gefüllten Paprika. Nicht alles im Bad ist nostalgisch: Der Swimmingpool besteht aus modernem Edelstahl – das Wasser ist herrlich erfrischend.

Vogelgezwitscher und Bienengesumm

Besonders Stammgäste schätzen die Ruhe und Natürlichkeit des Bades. Hier lärmen keine pubertierenden Jugendgruppen und es gibt auch keine Musikberieselung. Die wichtigsten Geräusche sind das Gezwitscher der Vögel, das Summen der Bienen und das leichte Plätschern des Beckens. Und so kann ein Tag im Neuwaldegger Bad zum wunderbaren Erholungserlebnis werden – ein Urlaubstag am Stadtrand von Wien.

Wo?

Promenadegasse 58, 1170 Wien, Anfahrt: Straßenbahn-Endstation Linie 43 Neuwaldegg; kurzer, steiler Fußweg hinauf zum Bad

Wann?

Geöffnet: Mai bis Mitte Sept. bei schönem Wetter tägl. 9–18.30 Uhr

Wichtiges

Unter der Woche besonders ruhig; Mo–Fr ab 15 Uhr auch etwas günstigerer Eintritt. Einige Parkplätze

Wiener Schmäh und gute Hausmannskost im Haslinger.

„Im Prater blüh'n wieder die Bäume, in Sievering grünt schon der Wein" – mit diesen Zeilen hat der österreichische Komponist Robert Stolz der Wienerstadt ein musikalisches Denkmal gesetzt. Einstmals war Sievering tatsächlich neben Grinzing eines der Epizentren der Wiener Weinkultur. Heute ist nicht mal mehr eine Hand voll übrig geblieben. Der Haslinger hält als einer der letzten Sieveringer Heurigen quasi den Buschen hoch. Der Buschen ist meist ein Bündel aus Kiefernzweigen und zeigt vor dem Lokal „geöffnet" an.

Die Tradition der Buschenschanken

Echte Wiener Heurige gehören zu Wien wie die Fiaker oder das Riesenrad. Im Unterschied zu Heurigenlokalen oder Stadtheurigen bieten sie nur ihre eigenen Tropfen an. Geöffnet haben sie nur zu bestimmten Aussteckzeiten (saisonale Öffnungszeiten) und wenngleich der Schankwein Heuriger heißt, stammt er meistens vom vergangenen Jahr. Das Essen holt man sich in der Regel am Buffet. Von allen österreichischen Millionenstädten hat Wien noch immer die größte Weinbaufläche – zu den wichtigsten Weinbergen zählen der Nußberg im 19. Bezirk und der Bisamberg im 21. Bezirk. An den Stadträndern finden sich die meisten Buschenschanken, etwa in Grinzing, Stammersdorf, Mauer oder eben in Sievering.

Liebevoller Familienbetrieb

Der Haslinger ist noch ein Heuriger „vom guten alten Schlag". In erster Linie werden einheimische Stammgäste bewirtet, Touristen verirren sich selten hierher. Insbesondere im Sommer lohnt sich der Besuch: Es gibt einen schattigen Gastgarten im Innenhof und eine Sonnenterrasse mit Blick auf das Sieveringer Tal. Hinter dem Haus versteckt liegt noch ein weiterer idyllischer Gastgarten. Am Buffet führt Wirtin Rosemarie Haslinger selbst das Regiment – zünftiger Wiener Schmäh inklusive. Auch die Mutter – mittlerweile schon über 90 Jahre alt – hilft immer noch mit. Die Weine sind süffig und die Hausmannskost, etwa die schmackhaften, selbst gemachten Braten, bildet die ideale Unterlage für einen fröhlichen Heurigenbesuch.

Wo?

Agnesgasse 3, 1190 Wien, Tel. +43 144013470, www.buschenschank-haslinger.at, Anfahrt: U4 Heiligenstadt und Autobus 34A bis Sievering

Wann?

Geöffnet während der Aussteckzeiten (siehe Homepage) Mi–Fr ab 14 Uhr, Sa, So und Feiertag ab 11.30 Uhr

Wichtiges

Man kann den Heurigenbesuch gut kombinieren mit Wanderungen im Wienerwald, der gleich hinter Sievering beginnt.

Wenn die Schiffe vorüberziehen – durch einen Fußgängertunnel in eine andere Welt.

In Wien hat man die Donau bereits im 19. Jahrhundert weit vor die Tore der Inneren Stadt verbannt. Touristen bekommen sie oft gar nicht zu sehen und verwechseln manchmal den Donaukanal mit der Donau. Dennoch offenbart sich die Wiener Seele gerade am Gestade des mächtigen Stroms. Ein besonderer, wenngleich auf den ersten Blick unspektakulärer Ort, um sich auf das Donaufeeling einzulassen, ist die Promenade.

Eigene Wien-Welt jenseits der Weinberge

Wenn Wien-Besucher mit der Straßenbahnlinie D nach Nußdorf fahren, tun sie dies in der Regel wegen der Heurigenlokale oder um eine Wanderung über den Nußberg – Wiens größten Weinberg – zu unternehmen. Wenn man jedoch die Bahngleise durch einen finsteren, wenig wohlriechenden Fußgängertunnel unterquert, eröffnet sich eine komplett andere Welt: Das Wien des weiten Wassers. Hier am sogenannten Sporn verlässt der Donaukanal seinen Mutterstrom. Kurz nach seiner Geburt passiert er bereits eine der schönsten Brücken Wiens: die Schemerlbrücke, Ende des 19. Jahrhunderts entworfen von Otto Wagner und bekrönt von zwei stolzen Löwen.

Kottan-Drehorte rund um Käpt'n Otto

Auch Liebhaber der TV-Kultserie „Kottan ermittelt" aus den 1970er- und 1980er-Jahren werden fündig: Hier befinden sich etliche Drehorte, etwa ein in der Folge Nachttankstelle berühmt-berüchtigtes Lokal. Letzteres gibt es zwar nicht mehr, circa 150 Meter flussaufwärts besteht aber mit Käpt'n Otto das legitime, ganz und gar nicht berüchtigte, sondern vielmehr sympathische Nachfolgelokal. Meistens machen Radfahrer hier einen kurzen Zwischenstopp und auf den ersten Blick wirkt das Gesamtensemble unter der Stadtautobahn nicht besonders einladend. Doch wer sich auf den Platz einlässt, wird von der ganz besonderen Atmosphäre des Ortes erfasst. Dann stört weder die Eisenbahn noch das leise Poltern der Autos und man freut sich nur noch über die vorbeiziehenden Schiffe, das damit verbundene Plätschern der Wellen und den Weitblick über die Donau. Alles lädt ein zu einer ausgiebigen Meditation!

Wo?

Vorletzte Station der Straßenbahn D Nußdorf. Durch den Fußgängertunnel zum Ufer. Rechts zur Schemerlbrücke, links (flussaufwärts) zum Käpt'n Otto

Wann?

Käpt'n Otto, geöffnet: Frühling bis Herbst tagsüber Fr–Di, www.facebook.com/Gasthaus KaeptnOtto

Wichtiges

Von der Endhaltestelle der Linie D in Nußdorf kann man auch schöne Wanderungen in die Wiener Weinberge und zum Kahlenberg unternehmen.

Zwischen Alter Donau und Gemeindebau: Der proletarisch angehauchte Stadtteil.

Eine gewisse Popularität hat sich die kleine Wiener Halbinsel in den 1990er-Jahren erworben: Denn da spielte in dem Grätzel – so die Bezeichnung für einen kleinen Stadtteil – die ORF-Erfolgsserie „Kaisermühlen Blues". Noch immer weht ein etwas rauer, aber auch herzlicher Wind durch die Schluchten der alten Gemeindebauten – beispielsweise durch die des Schüttauhofs (Am Kaisermühlendamm 55–61), seines Zeichens denkmalgeschützter Hauptdrehort der Kultserie. Gleichzeitig ist Kaisermühlen das unumstrittene Schwimmflügerl-Zentrum des Wiener Sommers – quasi eine Art Vorstadt-Bibione. Hier gibt es neben kostenlosen Badestränden mit dem legendären Gänsehäufel das größte Freibad Österreichs.

Die vielleicht beste Eisdiele Wiens

„Das beste Eis von Wien gibt es in Kaisermühlen", meinte einst Gitti Schimek, die Wiener Serienheldin mit dem Herz am rechten Fleck – gespielt von Marianne Mendt. Noch immer existiert am zentralen Schüttauplatz eine von Einheimischen und Badegästen heiß geliebte Eisdiele, das Trento. Gleich daneben pulsiert das Leben beim urigen Vorstadtwirt und im Café Kaisermühlen, aus dem Hardrock-Musik auf die Gasse tönt und vor dem die schönsten Harley-Davidsons des 22. Bezirks parken.

Jenseits des Wiener Hochglanzes

Zugegeben: Kaisermühlen ist nichts für jene, die das Walzer- und Vorzeige-Wien rund um Stephansplatz und Schloss Schönbrunn bevorzugen. Es ist eher ein Ort für fortgeschrittene Wien-Liebhaber, die nach der besonderen Stadtteil-Seele forschen. Alles fließt hier: die Alte Donau, die Neue Donau und der Wiener Schmäh. Und alles fließt auf eine bodenständig-gemütliche Art. Ganz nebenbei: Ein Bad im Kaiserwasser oder in der Alten Donau kann wie ein Jungbrunnen wirken und man fühlt sich mitten in der Millionenstadt kaiserlich-kommod in Kaisermühlen.

Wo?

Im 22. Bezirk am Ostufer der Donau gelegen; U1 Station Kaisermühlen

Wann?

Besonders charmant im Sommer

Wichtiges

In der angrenzenden Donau City stehen einige der höchsten und modernsten Wolkenkratzer Wiens, etwa der 220 Meter hohe DC-Tower.

Österreichs Monolith: Geheimnisse rund um den Stephansdom.

Wenn es ein symbolkräftiges, spirituelles Zentrum Wiens, wenn nicht sogar Österreichs gibt, so ist es der Stephansplatz samt seiner mächtigen Kathedrale. Der Südturm des Stephansdoms, von den Einheimischen liebevoll *Steffl* genannt, ist einer der schönsten gotischen Türme Europas und wurde noch im Mittelalter vollendet (eine Seltenheit; die Türme des Kölner Doms stammen aus dem 19. Jahrhundert!). Trotz seiner touristischen Prominenz liegen im Schatten des sagenumwobenen Monoliths einige Geheimnisse verborgen, die nicht einmal jeder Wiener kennt.

Mittelalterliche Bestien in Stein gemeißelt

Die romanische Westfassade ist der älteste Teil des Doms und weist etliche unheimliche Gestalten und Bestien auf. Sie sollten einstmals das Böse abhalten – bei den Touristenmassen, die durch das Riesentor strömen, scheitern sie jedoch. Ruhiger ist es da schon an der Südfassade um die Ecke. Hier wurde vor einigen Jahren ein altes Rittergrab saniert. Angeblich soll es sich bei der Liegefigur um den Minnesänger Neidhart von Reuenthal handeln. Der Südturm war einst das höchste Gebäude der Welt – ungefähr so hoch wie die große Pyramide von Gizeh inklusive Schlussstein. In die Architektur haben die Baumeister uralte Zahlenmystik einfließen lassen, die bis heute nicht vollends entschlüsselt ist.

Eine unterirdische Templerkirche?

Ein weiteres Rätsel gibt die unterirdische Virgilkapelle auf, welche man erst beim U-Bahn-Bau in den 1970er-Jahren entdeckt hat. Mit ihren gleichschenkligen Radkreuzen in den Seitennischen, die man so normalerweise nur in Kleinasien findet, wird sie gerne mit den Tempelrittern in Verbindung gebracht und zieht seit Jahren Kraftort-Sucher an, die hier eine besonders starke Energie verspüren. Wie dem auch sei: Beim Umrunden des österreichischen Heiligtums wird jeder seinen persönlichen Kraftplatz finden!

Auch im Inneren des Doms gibt es versteckte Relikte zu entdecken – etwa direkt am Eingang zum Domshop, dem ehemaligen Bischofstor: An dessen rechtem Torpfeiler ist der sogenannte Kolomanistein eingearbeitet. Er soll dem heiligen Koloman bei seinem Märtyrertod als Ruhekissen gedient haben. Von der Berührung versprach man sich Glück, weshalb sich über die Jahrhunderte ein tiefer Handabdruck gebildet hat.

Wo?

U1 Stephansplatz. Virgilkapelle im Zwischengeschoss der U-Bahn. www.wienmuseum.at; Infos: www.wienmuseum.at/virgilkapelle

Wann?

Öffnungszeiten Virgilkapelle: Di–So 10–17 Uhr, momentan allerdings wegen Renovierung geschlossen

Wichtiges

Den Südturm kann man zu Fuß besteigen. Der schönste Platz für eine Verschnaufpause ist das Starhemberg-Bankerl, von wo aus der Stadtkommandant 1683 das Heranrücken der Türken beobachtete.

Hinterhof-Himmel neben Verkehrshölle: Ein Weinhaus für jedermann.

Draußen tobt der Verkehr des Gürtels – einer Wiener Hauptverkehrsader – doch im Innenhof herrscht eine Atmosphäre, wie man sie sonst nur von Heurigen-Lokalen am Stadtrand kennt. Mit dem Weinhaus Sittl, seines Zeichens ältestes Biedermeier-Gasthaus von Ottakring, hat sich eine nostalgische Oase mitten im Großstadttrubel erhalten.

Biedermeier-Durchschlupf in alte Zeiten

Wenn man durch das alte Hausportal in den Innenhof schlüpft, wechselt man förmlich von der einen in die andere Welt: Da ist plötzlich nichts mehr vom Höllenlärm der Straße zu hören; stattdessen vernimmt man das Vogelgezwitscher von Nymphensittichen und betritt einen liebevoll gepflegten Schanigarten (Wirtshaus-Garten). Im Zentrum: ein mindestens hundert Jahre alter Götterbaum, dessen Fuß dem eines Dinosauriers gleicht und dessen Blätterkleid im Hochsommer angenehmen Schatten spendet. Einst war dieses Wirtshaus ein ländliches Idyll vor den Toren der Kaiserstadt. Mittlerweile liegt es zwischen den Stadtbahnbögen der U6 und dem pulsierenden Multikulti-Viertel rund um den nahe gelegenen Brunnenmarkt. Wie ein Fels in der Brandung hat es den Veränderungen der letzten 200 Jahre getrotzt.

Ein uralter Ofen und Alt-Wiener Küche

Das Lokal ist nicht nur zur warmen Jahreszeit einen Besuch wert – auch bei kühlen Temperaturen versprüht es seinen ganz eigenen Charme: In der Ecke der Gaststube steht ein uralter gusseiserner Ofen. Die Einrichtung stammt noch original aus den 1960er-Jahren und auch die Familientradition der Wirtsleute ist seit Generationen nicht unterbrochen. Der alte Herr Kremser hat sich mittlerweile etwas zurückgezogen, doch seine Familie führt das Lokal weiterhin gleich eines Schweizer Uhrwerks: ruhig und beständig. Hier trifft sich der Professor mit dem Verkäufer der Obdachlosen-Zeitung. Die Küche ist traditionell österreichisch und in der Gartenlaube finden regelmäßig Lesungen und Kleinkunst-Veranstaltungen statt. Fazit: Kaum anderswo in Österreichs Hauptstadt kann man der alten Wiener Seele so nahekommen wie im Weinhaus Sittl zum Goldenen Pelikan – so der vollständige Name des Lokals.

Wo?

Lerchenfelder Gürtel 51, 1160 Wien; Anfahrt: U6 bis Station „Josefstädter Straße"

Wann?

Geöffnet: Mo–Fr 17–23 Uhr

Wichtiges

www.sittl.at

Hier hat ein Wiener Walfisch seine neue Heimat gefunden.

Lust auf ein nagelneues Museum in nagelneuer Architektur samt hochkarätigen und spannenden Exponaten sowie Aussichtsterrasse – und das alles kostenlos? Das klingt ziemlich unwahrscheinlich, doch das gibt es wirklich! Das neue Wien Museum am Karlsplatz hat sich 2024 zum Museumshighlight der Hauptstadt entwickelt. Jahrzehntelang fristete es ein Schattendasein neben der berühmten Karlskirche und der Konkurrenz großer Wiener Museen. In den vergangenen Jahren wurde das Museum einer umfangreichen Sanierung und Umgestaltung unterzogen.

Wal-Odyssee vom Prater zum Karlsplatz

Über 100 Millionen Euro war es der Stadt wert, das Nachkriegsgebäude aus den 1950er-Jahren zum neuesten kulturellen Schmuckstück Wiens zu verwandeln. Herausgekommen ist ein komplett umgestalteter Eingangsbereich mit einem Glasvorbau, eine 25 Meter hohe Halle für Großobjekte sowie ein 1200 Quadratmeter großes Schwebegeschoss aus Beton in der obersten Etage. Ein solches Großobjekt ist ein monumentaler Walfisch aus Holz und Kupferblech, der beinahe verschrottet worden wäre: Jahrzehntelang verwitterte er über dem Eingang des gleichnamigen Gasthauses im Wiener Wurstelprater vor sich hin. Als das Gasthaus vor vielen Jahren geschlossen und abgerissen wurde, kümmerte sich niemand um das skurrile Prater-Wahrzeichen und beinahe wäre der mächtige Ozeanbewohner verschwunden, hätte nicht ein Abrissunternehmer Mitleid mit dem Wal gehabt. In einem Hinterhof hat er ihn aufbewahrt, ehe man sich irgendwann seiner erinnerte, ihn restaurierte und als Star des neuen Museums ins Spiel brachte.

Spannende Geschichte Wiens

Locker einen ganzen Tag kann man sich hier aufhalten oder immer wieder mal vorbeischauen. Die Exponate reichen von wertvollen Ölgemälden und historischen Stadtansichten über ein großes Stadtmodell bis hin zu antiken Möbeln wie dem kunstvollen Jugendstil-Stuhl des ehemaligen Bürgermeisters Dr. Karl Lueger. Seine antisemitische Haltung wird ebenso thematisiert wie die politischen Entwicklungen Wiens von der Kaiserzeit über Erste Republik, Ständestaat und Nationalsozialismus bis hin zur Nachkriegszeit. Sogar die Corona-Pandemie ist bereits museal aufbereitet. Entspannen kann man in einem großen Café oder auf der neuen Freiluft-Terrasse mit Blick auf die Karlskirche.

Wo?

Karlsplatz 8, 1040 Wien, U4/U1, Straßenbahn Station Karlsplatz; direkt neben der monumentalen Karlskirche gelegen

Wann?

Di–Fr 9–18 Uhr, Sa, So 10–18 Uhr

Wichtiges

Die beiden Stockwerke der Dauerausstellung sind kostenlos. Lediglich die Sonderausstellungen im neuen Dachaufbau kosten Eintritt.
Infos: www.wienmuseum.at

Eine Prise Böhmen in Wien: Der unbekannte Vergnügungspark.

Den Wiener Prater mit seinem berühmten Riesenrad kennt man weit über die Grenzen der Alpenrepublik hinaus. Doch nicht einmal jeder Wiener kennt dessen kleinen Bruder im Arbeiterbezirk Favoriten: den Böhmischen Prater. Der nostalgische Vergnügungspark besitzt zwar einen leicht morbiden Charme – aber vielleicht macht gerade das seinen besonderen Reiz aus: Hier blättert zum Teil die Farbe von den Buden ab und so manches Fahrgeschäft rostet gemütlich vor sich hin. Seit Jahrzehnten sorgt man sich um seinen Fortbestand. Doch ganz unterkriegen lässt er sich nicht, der kleine Prater. Immerhin hat er sogar die Bomben des Zweiten Weltkriegs überstanden. Vielen Wienern würde das Herz bluten, würde die alte Insel auf dem Laaer Berg je verschwinden.

Günstiges Bier und böhmische Gastarbeiter

Ende des 19. Jahrhunderts befanden sich ganz in der Nähe etliche Ziegelfabriken und lieferten den dringend benötigten Nachschub für Europas größte Baustelle: die Ringstraße. Die Arbeiter stammten großteils aus Böhmen und Mähren und haben ihre Namen bis heute im Wiener Telefonbuch hinterlassen. In ihrer spärlichen Freizeit zog es sie auf den Laaer Berg, wo sich nach und nach immer mehr Wirtshäuser und Vergnügungsbetriebe wie Schießbuden und Ringelspiele ansiedelten. Musikkapellen spielten auf und es sprach sich schnell herum, dass man am südlichen Stadtrand ebenso fröhliche Sonntage verbringen kann wie im berühmten Wurstelprater – und das zu günstigeren Preisen!

Die wilde Raupe und der Werkelmann

Einige Relikte aus der Urzeit des Böhmischen Praters haben sich bis heute erhalten: etwa eine historische Karussellorgel aus dem Jahr 1913 und gleich daneben das ebenfalls über hundert Jahre alte Karussell Raupe. Es ist noch immer in Betrieb und stellt sich als wilder heraus, als man zunächst erwartet. Manchmal wirken die Fahrgeschäfte wie ausgestorben. Oft reicht es aber, einen Mitarbeiter zu erwischen, der das Gerät dann spontan in Betrieb nimmt. Für das leibliche Wohl sorgen einige Imbiss-Stände und Wirtshäuser. Das bekannteste heißt „Zum Werkelmann". Der Name ist Synonym für einen Drehorgelspieler und noch immer treffen sich hier einmal im Jahr Werkelmänner und Werkelfrauen aus ganz Europa. Im böhmischen Prater findet man sie noch: die alte Wiener Gemütlichkeit und den echten Wiener Schmäh!

Wo?

Böhmischer Prater, Laaer Wald 216. Anfahrt: U1 bis Reumannplatz, Bus 68 A (Haltestelle hinter Amalienbad) bis Station Urselbrunnengasse, 15 Min. Fußweg. Alternativ: S60 bis Grillgasse, 15 Min. Fußweg

Wann?

Ganzjährig geöffnet, kein Eintritt. Fahrgeschäfte sind meist nur in der warmen Jahreszeit in Betrieb.

Wichtiges

Ein Besuch des Böhmischen Praters lässt sich gut kombinieren mit einer Wanderung über den Laaer Berg mit seinen Weinstöcken und schönem Fernblick. Hier bietet sich der beschilderte Stadtwanderweg 7 an.

11

WIEN, BÖHMISCHER PRATER

Die Juden Wiens: Gräber erzählen die Geschichten.

Kaum ein anderer europäischer Friedhof hat sich so sehr als fixe Sehenswürdigkeit in sämtlichen Reiseführern etabliert wie der Wiener Zentralfriedhof. Einer der interessantesten Bereiche des riesigen Areals ist der Alte Jüdische Friedhof, der sich direkt hinter dem 1. Tor erstreckt. Er ist ein historisches Schatzkästchen und gleichzeitig eine grüne Naturoase.

Wien, 1900: Eine jüdische Metropole

Die Geschichte Wiens ist nicht denkbar, ohne auch einen Blick auf die jüdische Geschichte zu richten. Seit dem Mittelalter sind Juden in Wien ansässig. Doch weder zuvor noch danach war der Anteil der jüdischen Bevölkerung größer als Ende des 19. und Anfang des 20. Jahrhunderts. Aus dieser Zeit stammen auch die meisten Gräber und jedes erzählt eine eigene Geschichte – teils auf Deutsch, teils auf Hebräisch. Neben schlichten und verwitterten Grabsteinen finden sich wahre Grabmonumente, die vom Selbstbewusstsein der damaligen jüdischen Bevölkerung zeugen. Bedingt durch die Gräuel des Nationalsozialismus besitzen viele der hier Bestatteten längst keine Angehörigen mehr. Dennoch werden die Grabsteine und Grufte n so gut es geht erhalten – wie es der jüdischen Begräbnistradition entspricht.

Wildbeobachtung inklusive

Wenige Touristen verirren sich in diesen etwas verwilderten Bereich. Die Natur hat sich des Areals bemächtigt – sei es der Efeu an bemoosten Obelisken, die Vielzahl trällernder Vögel oder – man höre und staune – der nicht unerhebliche Wildbestand! Nirgendwo anders in Wien hat man so gute Chancen, Rehen zu begegnen. Oft machen sie es sich auf abgelegenen Seitenwegen bequem und nicht selten erschrickt man, wenn einen die Augen eines kapitalen Rehbocks plötzlich anstarren. „Es lebe der Zentralfriedhof" ist der Titel eines berühmten Liedes von Wolfgang Ambros. Hier lebt er wirklich – mitten im Reich der Toten.

Neben der Alten Israelitischen Abteilung gibt es am Wiener Zentralfriedhof auch den „Neuen Jüdischen Friedhof". Er liegt allerdings am anderen Ende des Areals und ist über Tor 4 erreichbar. Für Männer besteht dort die Pflicht zur Kopfbedeckung.

Wo?

Straßenbahnlinie 71
„Zentralfriedhof 1. Tor"

Wann?

Tgl. geöffnet bis 17 Uhr (Winter) bzw. 19 Uhr (Sommer), www.friedhoefewien.at/zentralfriedhof

Wichtiges

Die Ehrengräber am Zentralfriedhof gruppieren sich um die große Friedhofskirche (2. Tor). Einkehrtipp: Concordia Schlössl, www.concordia-schloessl.at, gegenüber 1. Tor

Seelenruhe mitten im Wienerwald: ein Ort für Pilger und Künstler.

Unweit von Klosterneuburg im dünnbesiedelten Wienerwald mit seinen alten Baumriesen, Quellen und alten Ruinen liegt der kleine Ort Maria Gugging und der ist gleich in mehrerlei Hinsicht bemerkenswert: Eine Kopie der Lourdesgrotte zieht Pilger aus ganz Österreich an und vor Jahrzehnten hat sich aus einer ehemaligen Nervenheilanstalt ein Ort der modernen Kunstszene entwickelt.

Der besondere Zauber des Ortes

2025 feiert der Wallfahrtsort im Wienerwald sein 100-jähriges Bestehen. Auf Anregung des damaligen Wallfahrtsseelsorgers Pater Kaspar Hutter wurde das Areal samt Grotte errichtet und 1925 vor zehntausenden Gläubigen eingeweiht. Bis heute hat es nichts von seiner Anziehung verloren: Über einen Kreuzweg nähert man sich dem Heiligen Bezirk und betritt ihn schließlich durch ein Tor. Auf einer Anhöhe steht ein Kruzifix und darunter befindet sich die Grotte. In einer Felsnische steht das Gnadenbild der heiligen Maria Immaculata – alles originalgetreu dem französischen Vorbild entsprechend. Kerzen flackern und eine Quelle plätschert leise vor sich hin; sie lädt dazu ein, von ihr zu trinken und sich das Gesicht zu benetzen. Im Hintergrund hört man das Vogelgezwitscher der gefiederten Wienerwald-Bewohner. Alles zusammen erzeugt eine Stimmung voll Harmonie und Geborgenheit – kein Wunder, dass sogar Zeitgenossen ohne Sinn für Übersinnliches hier den besonderen Zauber des Ortes erspüren!

Der Psychiater und die Künstler

Eine andere Art Zauber erlebt man ein paar Kilometer Luftlinie entfernt: den Zauber der Kunst! Das Art Brut Center Gugging mit Museum und Galerie hat sich weit über die Grenzen des Wienerwalds hinaus einen Ruf als Hotspot zeitgenössischer Kunst erworben. Die Grundlage bildete in der Nachkriegszeit die Idee des Psychiaters Leo Navratil, das kreative Potential seiner Patienten auf dem Gelände der damaligen Landesheilanstalt mittels Kunst zu fördern. Daraus wurde eine Erfolgsgeschichte. Hervorgegangen sind bedeutende Künstler wie Oswald Tschirtner, August Walla oder Johann „Hansi" Garber. Letzterer hat sich auch an der Fassade des neben dem Museum gelegenen Hauses der Künstler verewigt. In der Wohn- und Arbeitsstätte entsteht weiterhin Kunst.

Wo?

Lourdesgrotte: Hauptstraße 134, 3400 Klosterneuburg. Bus 400 von Wien-Heiligenstadt (U4) bis Endstation „Lourdesgrotte Gugging". Museum Gugging: Am Campus 2, 3400 Klosterneuburg. Bus 400 Station „Maria Gugging IST Austria"

Wann?

Lourdesgrotte: tgl. 7–18 Uhr.
Infos: www.erzdioezese-wien.at/Maria-Gugging
Museum Gugging geöffnet: Di–So 10–17 Uhr.
Infos: www.museumgugging.at

Wichtiges

Unweit der Lourdesgrotte liegt auf einer kleinen Anhöhe oberhalb der Straße das Wienerwald-Gasthaus „Der Waldhof" (Hauptstraße 132, www.der-waldhof.at) mit guter österreichischer Küche.

Geheimnisvoller Grabhügel und authentischer Weinort vor den Toren Wiens.

Das Weinviertel ist eine der am dünnsten besiedelten Regionen Österreichs – hier sagen sich buchstäblich Fuchs und Hase gute Nacht. Doch in grauer Vorzeit scheint sich nördlich von Wien ein Hotspot befunden zu haben. Davon zeugen unzählige archäologische Funde und etliche Grabhügel. Jener in Goßmugl – seines Zeichens höchster mitteleuropäischer Grabhügel der Hallstattzeit – kann sogar mit den berühmten Monumenten in Südengland mithalten. Ein weiteres prächtiges Exemplar befindet sich unweit des kleinen Weinorts Pillichsdorf.

Kaiserliche Perspektiven

Bei Wind und Wolken kann es hier auf freiem Felde unheimlich werden. Bei Sonnenschein strahlt der wenig besuchte Grabhügel eher eine friedliche Ruhe aus. Sicherheitshalber hat man ihn – wie auch andere niederösterreichische Grabhügel – vor einigen Jahrhunderten christianisiert: Bekrönt ist er von einem Kruzifix und zwei barocken Statuen (Maria und Johannes). Trotz etlicher Funde geben die Grabhügel noch immer Rätsel auf. Wer wurde hier bestattet? Ein Fürst oder eine Fürstin? Ein Druide oder eine keltische Priesterin? Sicherer ist da schon eine kleine Fußnote der Geschichte: Laut Informationstafel hat Kaiser Franz I. von hier aus die napoleonische Schlacht bei Wagram 1809 mittels eines Teleskops beobachtet.

Wonneort für Weinliebhaber

Es lohnt sich, den Grabhügel-Besuch mit einem Bummel durch Pillichsdorf zu kombinieren. Im Vergleich zu den Trabantenstädten am Wiener Stadtrand hat sich der Ort seinen authentischen Weinort-Charakter bewahrt. Sehenswert ist die gotische Pfarrkirche St. Martin mit ihrem markanten Chor und Kirchturm. Es gibt eine hübsche Kellergasse, ein Gasthaus und etliche Möglichkeiten, Wein zu verkosten. Sogar ein Weinautomat am alten Bahnübergang mit ein paar Tischen lädt zur genüsslichen Pause ein.

Wo?

2211 Pillichsdorf bei Wolkersdorf (S2 und Bus). Grabhügel wenige Kilometer südwestlich des Ortes vom alten Bahnhof Pillichsdorf über die Bahnstraße und einen Feldweg zu Fuß zu erreichen.

Wann?

Ganzjährig

Wichtiges

Beim sympathischen Bio-Weingut Gössinger (Wiener Str. 23) kann man gute Tropfen erwerben und auch vor Ort konsumieren, www.bio-weingut-goessinger.at.

Wo die Österreicher Richard Löwenherz gefangen hielten.

Kaum eine Region Österreichs ist dermaßen mit einem Romantik-Image verbunden wie die Wachau. Das „Mariandl aus dem Wachauer Landl" ist spätestens seit dem gleichnamigen Film und Gassenhauer aus den 1960er-Jahren weit über die Donau hinaus bekannt. Die Wachau ist wahrlich ein märchenhaftes Fleckchen mit all ihren alten Ritterburgen und Kirchen, die sich in der Donau spiegeln sowie den Weinbergen und dunklen Wäldern.

Dürnstein im Fokus mittelalterlicher Politik

Der kleine Ort in der Wachau mit seinem berühmten blau-weißen Kirchturm ist ein Gesamtensemble aus großteils erhaltenen mittelalterlichen Häusern, einem Stift und der markanten Burgruine auf der felsigen Anhöhe über dem Ort. Der kurze, wenngleich etwas steile Aufstieg lohnt sich nicht nur aufgrund der fantastischen Aussicht über Ort und Donauschleife, sondern auch historisch. Ob nämlich der unfreiwillig berühmteste Gast der Wachau den Blick auf die „dürren Steine" genießen konnte, ist fraglich: Nach dem dritten Kreuzzug wurde hier der englische König Richard Löwenherz 1192 auf 1193 für knapp zwei Monate vom österreichischen Herzog Leopold V. gefangen gehalten. Letzterer hatte mit dem Engländer noch eine alte Rechnung offen und übergab ihn schließlich an den deutschen Kaiser Heinrich VI. Die historische Episode wurde auch in der Blondelsage verewigt, wonach der Sänger Blondel von Burg zu Burg gezogen sein soll und des Nächtens ein Lied trällerte, um seinen Herrn zu finden. In Dürnstein hat ihm schließlich Richard singend aus dem Kerker geantwortet. Weinseliger Gesang hat also in der Wachau Tradition!

Marillen, Wein und Donauwellen

Berühmt ist die Region auch für seine Trauben und Marillen. Aus beiden Früchten werden Köstlichkeiten hergestellt, die allerdings ihren Preis haben. Wer die Wachau etwas ausführlicher erkunden möchte, sollte dies am besten zu Fuß im Rahmen von Wanderungen, mit dem Rad oder per Schiff tun: Regelmäßig verkehren Ausflugsschiffe auf der Donau. Besonders sehenswert sind in der Wachau neben Dürnstein unter anderem die Burgruine Aggstein und die alte Wehrkirche St. Michael.

Wo?

3601 Dürnstein. Mehrere Parkplätze am Ortsrand, Ortszentrum für Verkehr gesperrt. Öffentliche Anfahrt: Zug von Wien nach Krems, von dort Bus Richtung Melk

Wann?

Ganzjährig. Besonders reizvoll ist die Wachau zur Marillenblüte im April. Infos zur Donauschifffahrt: https://ddsg-blue-danube.at/linienschifffahrt-wachau

Wichtiges

Ein guter Wachauer Tropfen gefällig: Mitten im Zentrum bietet das kleine Weingut Böhmer hervorragende lokale Weine. Dürnstein 22, Tel. +43 699 17550077, http://www.weingut-boehmer.at

Allein mit Rebhuhn und Hase: Einsamkeit, Weitblick und Wein an einem Kliff.

Der Wagram wird selten als Kliff bezeichnet, aber genau genommen ist er das Kliff eines Millionen Jahre alten Urmeeres und der Urdonau. Die bis zu 40 Meter hohe Hangkante erstreckt sich nördlich der Donau zwischen Krems und Stockerau und erinnert teilweise an das Rote Kliff auf der Insel Sylt. Wer durch stille Kellergassen und Weinberge von Kirchturm zu Kirchturm wandert, wird nur wenigen Menschen begegnen, dafür aber etlichen Wildtieren.

An der Hangkante entlang

Als kleine Wanderempfehlung bietet es sich an, von Fels am Wagram Richtung Westen zu gehen. Vom Bahnhof aus spaziert man über Felder zur Wora Kellergasse mit ihren hübschen pastell-farbig gestrichenen Weinkellern. Irgendwie scheint diese Hangkante eine besonders starke Erdenergie zu besitzen. Kein Wunder, dass hier besonders gute Tropfen gedeihen – beschwingt spaziert man durch die Weingärten. Schon in grauer Vorzeit war die Region besiedelt, was prähistorische Funde belegen. An einem historischen Graphit-Bergwerk vorbei geht es weiter zum sogenannten Energieplatz am Bergbründl Richtung Wagram am Wagram. Hier führt ein Weg auf das obere Wagram-Plateau – quasi den ersten Stock, verbunden mit großartigem 360-Grad-Weitblick. Stattliche Feldhasen hüpfen über die Felder und urplötzlich flattern Rebhuhn oder Fasan auf. Eine schöne Landmarke stellt der Kirchturm des uralten Weinbauorts Feuersbrunn oberhalb der Hangkante dar.

Ein Hauch Ostasien in Niederösterreich

Am westlichen Ortsrand erscheint plötzlich ein weiteres, ganz besonderes Gebäude und man traut seinen Augen kaum: Weit in die Donauebene hinein leuchtet eine gewaltige weiße Stupa! Ist man noch in Österreich oder bereits in Asien? Der durch Spenden finanzierte buddhistische Andachtsraum war nicht unumstritten und wurde erst 2023 fertiggestellt. Er hat sich in Windeseile zu einem Wahrzeichen der Region und beliebten Fotomotiv gemausert. Die Feuersbrunner Kirche und Stupa scheinen hier friedlich nebeneinander zu existieren. Etliche Heurige und das bodenständige Gasthaus zum Goldenen Kreuz locken nach der Wanderung mit regionalen Schmankerln zur Einkehr.

Wo?

Der Spaziergang beginnt am Bahnhof Fels am Wagram. Am Bahnhof Wagram am Wagram kann man wieder zurückfahren oder weiterwandern. Gasthaus zum Goldenen Kreuz: Weinstraße 11, 3483 Feuersbrunn, www.gasthausbauer.at

Wann?

Ganzjährig. Besonders schön im Herbst, wenn sich das Weinlaub verfärbt. Informationen zu offenen Weinkellern bietet die Homepage des Vereins Wora Weinkultur: www.wagram-wora.at.

Wichtiges

Eine weitere skurrile Besonderheit am Wagram: In Oberstockstall bei 3470 Kirchberg am Wagram existiert ein schönes Gut samt Alchemistenlabor aus dem 16. Jahrhundert.

Österreichisches Stonehenge, mystriöse Erdställe und ein Karner.

Eine Perle des Mittelalters mit intakter Stadtmauer, Rolandsäule und romanischer Kirche – Eggenburg. Dort befindet sich ein Karner (Beinhaus) mit einer Wand aus Knochen: nichts für schwache Nerven, dafür unheimlich und faszinierend.

Gewichtiges Zentrum des Mittelalters

Der Ort war im Mittelalter und bereits lange davor ein bedeutender Siedlungsplatz. Die fast zwei Kilometer lange Befestigungsanlage mit ihren markanten Zinnen zeugt von der Wehrhaftigkeit Eggenburgs im 14. Jahrhundert. Sehenswerte und teils jüngere steinerne Zeugen wie Pranger, Mariensäule und Dreifaltigkeitssäule gruppieren sich rund um den weiträumigen Hauptplatz und das prächtige Rathaus. Ein Spaziergang zur Pfarrkirche St. Stephan lohnt sich insbesondere aufgrund des Karners mit unterirdischem Ossarium. Hunderte Knochen und Schädel wurden hier zu einem eindrucksvollen „Memento mori" kunstvoll aufgeschichtet. Was Mystisches und Rätselhaftes betrifft, hat auch die Eggenburger Umgebung allerhand zu bieten: Bereits seit Urzeiten bekannt sind vermutlich Kogelsteine und Fehhaube – steinerne Überbleibsel eines 300 Millionen Jahre alten Gebirges –, die östlich der Stadt in einem Naturschutzgebiet erwandert werden können. Die monumentalen Granitskulpturen regen seit jeher die Fantasie der Menschen an. Ob mehr als ein rein geologisches Phänomen dahinter steckt, ist umstritten. Geht es nach dem Wiener Naturwissenschaftler Dr. Alfred Kappl, handelt es sich bei diesem „österreichischen Stonehenge" um eine megalithische Sternwarte riesigen Ausmaßes.

Labyrinthe unter den Weinbau-Höfen

Auch unter der Erde tut sich einiges in der Region: Der benachbarte Weinort Röschitz kann sich eines wahren unterirdischen Labyrinths gewaltigen Ausmaßes rühmen. Nirgendwo sonst in Europa hat man so viele Erdställe – künstlich erzeugte niedrige Höhlengänge – entdeckt, die sich unter den Weinkellern der Winzerstraße entlangschlängeln. Bis heute ist der genaue Zweck der Tunnelanlagen mit ihren Kammern, Rundgängen und Durchschlupf-Öffnungen noch nicht geklärt – von Verstecken bis hin zu einem archaischen Fruchtbarkeitskult reicht die Bandbreite an Erklärungsversuchen. Zwar sind die Erdställe nur von erfahrenen Forschern zu erkunden, ein Besuch von Röschitz lohnt aber dennoch, alleine der sehr guten Weine wegen.

Wo?

3730 Eggenburg; Naturschutzgebiet Fehhaube-Kogelsteine; kein offizieller Parkplatz. Zugang vom Ortseingang des Dorfes 3730 Grafenberg in nördlicher Richtung über Bach-Kapelle

Wann?

Ganzjährig

Wichtiges

Guter Wein und freundlicher Winzer in Röschitz: Bio Weinbau Karl Ziß. https://ziss.at. Eine schöne Aussicht auf das weite Weinviertel bietet die alte Wehrkirche St. Leonhard bei Wartberg (Wartberg 62, 3730 Wartberg).

Wildromantische Kanufahrten und rätselhafte Steinriesen.

Wenn man Wiener oder andere Bewohner großer Städte fragt, wo in Österreich man seine Batterien am besten wieder aufladen kann, so fällt nicht selten der Name Waldviertel. Zwischen Donau und tschechischer Grenze erstreckt sich dieser extrem dünn besiedelte, urwüchsige und von Sagen und Legenden umwobene Teil Österreichs. Einer der hübschesten Orte ist die kleine Stadtgemeinde Raabs an der Thaya und die Umgebung im nördlichen Waldviertel.

Fest mit dem Fels verwachsen

Die Szenerie scheint einem alten Märchenfilm entnommen zu sein: Oben auf einem steilen Fels thront die stolze Burg. Sie wirkt, als wäre sie direkt aus dem schmalen Fels herausgewachsen und bildet mit ihm eine faszinierende Einheit. Als Bollwerk gegen den Norden wurde sie vor über 1000 Jahren gegründet. Darunter fließen gemütlich die dunklen Wasser der Thaya – in Raabs fließen die beiden Quellflüsse mährische Thaya und deutsche Thaya zusammen. Im Sommer kann man sich auf Kanus flussabwärts durch wunderschöne Naturlandschaften treiben lassen. Falls das Wetter schlecht ist, lockt als Vergnügen das Thayatal Vitalbad. Auch durch sein gastronomisches Angebot – inklusive Mostheurige und Waldviertler Küche – ist die kleine Stadtgemeinde ein guter Ausgangspunkt für Ausflüge in die Umgebung.

Steinerne Zeugen der Urzeit

Denn die ist reich bestückt mit Attraktionen, wobei man sagen muss: Das Schönste ist im Waldviertel meist die Landschaft selbst! Oft ist man ganz alleine auf den Straßen und Feldwegen unterwegs, man fährt oder wandert über hügelige Felder und durch dunkle Wälder. Typisch sind die teils uralten christlichen Steinsäulen, die als Landmarken dienten oder an historische Ereignisse erinnern. Doch es gibt noch viel gewaltigere Steine: Über das ganze Waldviertel verteilt liegen tonnenschwere Felsen aus Granit. Teils scheinen sie Gesichter zu haben und schon in grauer Vorzeit bearbeitet worden zu sein. So gibt es Schalensteine, in denen das Wasser selbst im Hochsommer nicht austrocknet, sogenannte Gebärsteine oder Blutrinnen, die an alte Opferriten erinnern sollen. Ob es Launen der Natur sind oder doch mehr dahintersteckt, ist umstritten. Eine besondere Ausstrahlung haben die Steinriesen auf jeden Fall. Und jeder wird seinen persönlichen Lieblingskoloss finden.

Wo?

3820 Raabs an der Thaya

Wann?

Burg Raabs: Infos zu Führungen: www.bibliothekderprovinz.at/schloss-raabs--informationen

Wichtiges

Infos zu den steinernen Zeugen der Vergangenheit unter: www.waldviertel.at/natur-kraftplaetze. Hier ist auch der „Platz des Skorpions" beschrieben, der ca. 25 Kilometer entfernt bei Kautzen liegt. Wichtig: Schutz vor Zecken, besonders im Frühjahr!

Geheimnisse der Urzeit, eine alte Wehrkirche und lauschige Weingärten.

Nur wenige Besucher verirren sich in den Ort Stillfried nahe der slowakischen Grenze. Hoch über dem Grenzfluss March sitzt auf einem künstlich angelegten Wall die mächtige ehemalige Wehrkirche. Wie eine Henne ihre Eier beschützt, so scheint das alte Gotteshaus seine Geheimnisse unter sich zu bewachen. Doch auch die Oberfläche kann sich sehen lassen: Rund um den Ort wächst guter Wein und einige nette Heurige laden zur gemütlichen Jause (Brotzeit) ein.

Der Untergrund hat es in sich

Unter dem mächtigen Kirchturm existiert tatsächlich ein Verlies und der gesamte urzeitliche Hügel ist mit geheimnisvollen Erdställen (künstlichen Höhlen des Mittelalters) durchzogen. Der Untergrund scheint mit seinen Hohlräumen einem Schweizer Emmentaler zu gleichen. Sogar ein gewichtiger Pfarrer soll vor Jahren in ein Loch unter dem Kirchenboden eingebrochen sein – so berichten es zumindest kundige Dorfbewohner. Archäologen haben den Ort schon oft untersucht und dabei spannende Ergebnisse gewonnen. Bereits seit Jahrtausenden ist Stillfried besiedelt. Als urzeitlicher Handelsplatz an der Bernsteinstraße hatte der heute verschlafene Ort bereits in vorchristlicher Zeit eine wichtige Bedeutung – war quasi ein Hotspot der Urzeit. Angeblich soll sich hier auch eine Schlacht zwischen Quaden und Römern zugetragen haben. Ein kleines Museum informiert über den Ort als Zentrum der Vorzeit.

3000 Jahre alte Weinkerne

Man macht sich schon so seine Gedanken, welche Geheimnisse der alte Ort an der March noch so hüten mag, wenn man den Besuch beim gemütlichen Heurigenlokal Staringer ausklingen lässt. Hier werden biologischer Wein und zünftige Brotzeiten kredenzt und man sitzt im Sommer gemütlich im Freien. Die Vögel zwitschern und langsam senkt sich die Sonne über die Weinberge der Gegend. Urgeschichte und Gegenwart werden zur harmonischen Einheit – sogar zwei Weinkerne aus der späten Bronzezeit wurden in Stillfried gefunden.

Wo?

2262 Stillfried. Eigener Bahnhof, der regelmäßig von Wien mit dem REX1 angesteuert wird (Fahrzeit von Wien Praterstern: 44 Min.); Weingut Staringer, Quadengasse 186, 2262 Stillfried, www.weingut-staringer.at

Wann?

Ganzjährig. In Kombination mit offenen Heurigenlokalen oder im Rahmen einer Fahrradtour durchs Weinviertel am besten in der warmen Jahreszeit. Infos zum Museum: www.museumstillfried.at

Wichtiges

Ganz in der Nähe befindet sich mit dem Rochusberg einer der schönsten Kellerberge Österreichs mit insgesamt 129 Weinkellern. Den Abschluss bildet die kreisrunde Rochuskapelle aus dem 17. Jahrhundert.

Barocke Pracht und Flohfallen: Wo Prinz Eugen durchs Treppenhaus huschte.

Schloss Schönbrunn kennt fast jeder – schließlich spielt die Anlage in der europäischen „Schlösser-Champions League" ähnlich wie Schloss Sanssouci oder Versailles. Aber kennen Sie Schloss Hof? Ein Besuch der monumentalen Anlage ist „Barockgenuss auf höchstem Niveau für Fortgeschrittene". Die etwas abgelegene Lage an der slowakischen Grenze erfordert zwar eine etwa einstündige Anreise von Wien aus, hat aber einen Riesenvorteil: Man kann eines der schönsten Barockschlösser Europas in Ruhe genießen.

Hygienemaßnahmen der Barockzeit

Allein schon die Gartenanlage über mehrere Etagen ist den Besuch wert. Der berühmte Prinz Eugen – seines Zeichens einer der bedeutendsten Feldherren im Dienste des Hauses Habsburg – hat sich bei der Auswahl des Platzes schon etwas gedacht: Sanft fällt der Hang zur March hin ab, in der Ferne sieht man die sozialistische Architektur der Außenbezirke und den Thebener Kogel. Ein spannender Kontrast zum ockerfarben gehaltenen Prachtschloss. In sieben Terrassen angelegt, besticht der Garten durch seinen reichen Skulpturenschatz. Ein Rundgang durch das Schloss enthüllt spannende Details der Barockzeit: Unter anderem sind Flohkratzer und Flohfallen ausgestellt – in Sachen Hygiene machte man einen weiten Bogen um Wasser und Badewanne; stattdessen puderte man sich ordentlich ein. Die Prunkräume des kunstsinnigen Prinzen wurden nach Jahrhunderten aufwendig instand gesetzt. Lediglich ein Raum zeigt sich bis heute im nicht renovierten Originalzustand. Auch einen Tiergarten legte der reiche Prinz an. Heute tummeln sich auf dem Gelände wieder Kamele, Ziegen, Pferde und seltene weiße Barockesel.

Märchenhochzeit und Weihnachtsmarkt

Etliche Jahrzehnte später wurde Schloss Hof in der Ära Maria Theresias genutzt und umgestaltet. Ihre Tochter Marie Christine heiratete in der Schlosskapelle Herzog Albert von Teschen, den Gründer der Wiener Albertina. Dabei handelte es sich um eine für die Zeit untypische Liebesheirat. Vor Weihnachten verwandelt sich das Schlossareal an den Wochenenden in eine bezaubernde Adventslandschaft. Miteinbezogen ist dabei auch der Gutshof. Die Stände offerieren regionale Schmankerl, Punsch-Variationen und hübsches Kunsthandwerk.

Wo?

Schloss Hof 1, 2294 Schloßhof. Erreichbar mit dem Auto über die A4 bis Fischamend, die B9 Richtung Hainburg und die B49. Öffentlich von Wien: U2 bis „Hausfeldstraße" und weiter mit Bus 540 bis Endstation.

Wann?

Geöffnet: ganzjährig tgl. 10–16 Uhr (Apr.–Okt. bis 18 Uhr). Infos: www.schlosshof.at

Wichtiges

Ein Tagesausflug kann mit Hainburg (s. SP 21) oder mit einem Besuch der spektakulären slowakischen Burgruine Devín kombiniert werden. Eine Fahrradbrücke überquert unterhalb von Schloss Hof die March.

Mittelalterlicher Dornröschenschlaf und ein geheimnisvoller Keltenberg.

Hainburg scheint abseits der Hauptsaison fast in einem Dornröschenschlaf zu schlummern. Und selbst im Sommer lassen einige Fahrradfahrer auf dem Donauradweg Hainburg links beziehungsweise rechts liegen – ohne zu ahnen, was sie dabei verpassen. Denn gleich in mehrfacher Hinsicht umweht Hainburg eine ganz besondere Magie: Seit Urzeiten ist die Gegend besiedelt, die Römer hatten mit Carnuntum gleich um die Ecke ihre antike „Österreich-Metropole" und die mächtigen Mauern und historischen Relikte sind steinerne Zeugen des Mittelalters.

Einzigartige Stadtbefestigung

Bereits der Fußweg vom kleinen Bahnhof am Donauufer aus durch die Blutgasse und das Fischertor zum Hauptplatz entführt in eine Art mittelalterliche Filmkulisse. Die hervorragend erhaltene Stadtbefestigung mit ihren Türmen und Toren ist einzigartig in Österreich – das mächtige Wiener Tor gilt sogar als größtes mittelalterliches Stadttor Europas. Auch einen geheimnisvollen Karner (Beinhaus), eine gotische Lichtsäule und einen Pranger gibt es im Bereich der Volksschule zu entdecken. Hier lag einstmals das spirituelle Zentrum Hainburgs. Nicht mehr weit ist es zum steilen Schlossberg mit seiner Burgruine.

Europäischer Weitblick

Mindestens ebenso interessant wie die Erkundung des Schlossbergs ist eine Wanderung auf den Braunsberg. Wie ein Tafelberg liegt der Koloss direkt vor den Stadtmauern und scheint einen fast magnetisch anzuziehen. Oben haben sich Reste einer keltischen Wallanlage erhalten. Die Aussicht in Richtung Bratislava, Wien und zum gegenübergelegenen Thebener Kogel ist fantastisch. Als Belohnung für die Anstrengung entschädigt die Hainburger Grenzregion mit kulinarischen Genüssen. Carnuntum ist nicht nur der Name der archäologischen Römerstadt, in deren Nähe auch noch das imposante Heidentor erhalten geblieben ist, sondern auch die Bezeichnung eines Weinbaugebiets mit edlen Tropfen. Am Donauufer kann man beim Vorbeiziehen der Kreuzfahrtschiffe die Seele baumeln und den Tag gemütlich ausklingen lassen.

Wo?

2410 Hainburg an der Donau. Anfahrt: Vom Wiener Hauptbahnhof mit der S7 in einer guten Stunde, mit dem Auto über die A9 oder über den Donauradweg von Wien nach Bratislava

Wichtiges

Fußweg zum Braunsberg vom Donauufer aus beschildert. Auch über eine Straße mit dem Auto zu erreichen

Weiße Esel, Heilwasser und kulinarische Köstlichkeiten.

Herzlich willkommen im tiefstgelegenen Teil Österreichs, einem eher untypischen Winkel der Alpenrepublik: dem Seewinkel. Die Gegend am östlichen Ufer des Neusiedler Sees erinnert nicht nur an die ungarische Puszta, sie ist Teil davon. Bis Ende des Ersten Weltkriegs gehörte das Burgenland unter dem Namen Deutschwestungarn zum ungarischen Königreich. Man fühlt sich wie in Ungarn, kann sich aber auf Deutsch unterhalten! Eine der sympathischen Seewinkel-Gemeinden ist Illmitz.

Weiße Esel und seichtes Wasser

Die Gegend eignet sich hervorragend für Fahrradtouren und Expeditionen in den Schilfgürtel mit seiner Unzahl an Vögeln. Ein besonders schönes Plätzchen befindet sich südwestlich des Ortes nahe der ungarischen Grenze: ein ehemaliger Wachturm, den man besteigen kann, und eine Kolonie weißer Esel, die sich hier pudelwohl zu fühlen scheinen. Wer tatsächlich den tiefsten Punkt Österreichs besuchen will: Er liegt auf der Strecke zwischen dem Nachbarort Apetlon und Pamhagen und ist durch ein Schild gekennzeichnet. Illmitz liegt zwar nicht direkt am Ufer, besitzt aber ein schönes Seebad, das man mit dem Fahrrad oder dem Auto durch den Schilfgürtel erreicht. Von hier verkehren auch regelmäßig Schiffe hinüber nach Mörbisch am anderen Ufer. Der See ist ideal für Nichtschwimmer und Kinder geeignet, da er sehr flach ist. Die oft schlammig-aufgewühlte Farbe hat nichts mit schlechter Wasserqualität zu tun. Auch die St. Bartholomäusquelle, deren Quellhaus sich mitten im Ortszentrum befindet, besitzt eine hervorragende Wasserqualität. Das Wasser kann man kostenlos abfüllen; der Geruch und Geschmack sind zwar etwas gewöhnungsbedürftig, das Wasser wirkt aber bei etlichen kleinen Zipperlein Wunder und sorgt für innere Regeneration nach ausgiebigerem Weingenuss.

Burgenländische Gaumenfreuden

Der Wein ist im Seewinkel omnipräsent. Hier gedeihen teils großartige Tropfen – insbesondere die Rotweine genießen einen hervorragenden Ruf. Schlemmen lässt es sich in Illmitz vorzüglich: Restaurants wie das Presshaus servieren hervorragende saisonale und regionale Leckereien. Buschenschank-Lokale wie das Gowerl-Haus kredenzen neben ihren Weinen zünftige Brotzeiten.

Wo?

7142 Illmitz; Gowerl-Haus, Apetlonerstr. 17, http://www.gowerlhaus.at; Presshaus, Apetlonerstraße 13, http://www.presshaus.com

Wann?

Der Spätsommer Ende August/ Anfang September lohnt sich. Dann ist schon weniger los und der See kommt zur Ruhe.

Wichtiges

Weitere nette Orte im Seewinkel mit gastronomischen Angeboten sind Podersdorf (direkt am See gelegen mit Leuchtturm) und Apetlon nahe der ungarischen Grenze.

Heimat des Winzerkönigs: Schmuckkästchen zwischen Weinbergen und Schilfgürtel.

Am Neusiedler See scheiden sich die Geister, was die jeweiligen Vorlieben angeht: Die einen schwören auf den Seewinkel am Ostufer und verbringen ihre Urlaube schon immer in Orten wie Podersdorf oder Illmitz. Andere zieht es immer wieder ans Westufer, wo das Leithagebirge und die Weinberge sanft zum Ufer hin abfallen. Hier liegt mit der Freistadt Rust einer der hübschesten Orte des Burgenlands mit einem nahezu perfekt erhaltenen Altstadt-Kern.

Der Weinort als Straßenfeger

Trotz der nur knapp 2000 Einwohner ist man in Rust stolz auf seine Jahrhunderte alte Geschichte und seinen Status als Freistadt – bis Ende des Ersten Weltkriegs war man ein wichtiger Vorposten des ungarischen Königreichs. Ebenso stolz ist man auf seine Störche, die auf den Kaminen der Häuser ihre Nester haben. Ihr Klappern ist ebenso ortstypisch wie die altehrwürdige Weinbautradition. In den 1980er-Jahren erlitt diese durch einen Skandal rund um Glykolwein einen Dämpfer, obwohl die Ruster Winzer selbst gar nichts dafür konnten. Den gepanschten Wein fabrizierten andere Gemeinden – aber Rust war der Inbegriff regionalen Rebensafts. Längst werden die Weine wieder über die Grenzen des Burgenlandes hinaus geschätzt und auch ein TV-Straßenfeger konnte das Image aufpolieren: Die Serie „Der Winzerkönig" mit Harald Krassnitzer in der Hauptrolle wurde überwiegend in Rust gedreht. Sie versammelte nicht nur ein Millionenpublikum vor den Apparaten, sondern zog auch tausende Besucher in den Ort. Schließlich wollte man das Gasthaus Stickler (eigentlich Rusterhof) einmal in echt sehen. Auch ohne Fernsehgeschichte ist der Gasthof ein Kleinod im Gesamtensemble des Rathausplatzes – im Hintergrund die uralte Fischerkirche als Bekrönung. Deren gotische Freskenmalereien sind sehenswert.

Ein Katzensprung zum Seeufer

Neben dem Stadtbild und der burgenländischen Kulinarik ist natürlich auch die herrliche Naturlandschaft des Sees nicht zu verachten. Gleich hinter der Stadtmauer beginnt der Schilfgürtel und bis zum Seebad ist es nicht allzu weit. Etliche Pfahlbauten mitten in den Schilfkanälen prägen das Bild und am Ufer betteln Wildgänse um Futter.

Wo?

7071 Rust. Regelmäßige Busverbindung vom Bahnhof Eisenstadt

Wann?

In der Hauptsaison (Sommer) sehr gut besucht. Etwas gemütlicher im Frühling und Herbst. Im Winter teilweise eher ausgestorben.

Wichtiges

Etliche Weinbaubetriebe haben in der warmen Jahreszeit zu bestimmten Zeiten geöffnet. Am Beginn des Schilfgürtels liegt eine Anlegestelle für kleine Rundfahrten auf dem See: https://drescher-touristik.at/drescher-line

Monarchistisches Erbe: In der Militärkirche ruht ein Kaiser unter den Stufen.

Man nennt ihn gerne den „letzten Ritter" des Mittelalters. Kaiser Maximilian I. (1459–1519) zählt sicher zu den schillerndsten Figuren des ausgehenden Mittelalters. In der Innsbrucker Hofkirche hat sich der Habsburger ein Grabdenkmal der Extraklasse errichten lassen: die sogenannten Schwarzmander – überlebensgroße Bronzefiguren – umringen den prachtvollen Kenotaph (Leergrab). Viele Besucher wissen jedoch nicht, dass das wahre Grab des Kaisers in Wiener Neustadt liegt. Die dortige St.-Georgs-Kathedrale in der Theresianischen Militärakademie ist ein kunstgeschichtliches Kleinod.

Reliquienschrein, Taufbecken, Prachtfenster

Ein wenig abweisend wirkt die Militärakademie zunächst schon. Schnell spürt man als Besucher, dass es sich hier um einen besonders geschützten Ort handelt: Es ist die Kaderschmiede der österreichischen Armee – die einzige Ausbildungsstätte der Alpenrepublik speziell für Offiziere. Dennoch ist ein Blick in den Innenhof mit der beeindruckenden Wappenwand möglich. Noch spannender ist ein Besuch der Kathedrale. Als Büßer hat Maximilian I. verfügt, unter den Stufen des Hochaltars seine letzte Ruhestätte zu finden. Die Lettern seines Namens zeigen den Platz an. Auch des Kaisers Taufbecken, ein spätmittelalterlicher Reliquienschrein mit den Totenschädeln von Märtyrern sowie originale Glasfenster aus dem 16. Jahrhundert verdienen Beachtung. Der Ort versprüht wahrlich kaiserliche Energie voll alter Traditionen und könnte ohne Weiteres noch heute als Schauplatz einer Krönung dienen.

Maria Theresia und Franz Joseph im Park

Nicht nur für Geschichtsinteressierte ist der angeschlossene Akademiepark einen Abstecher wert: Die Parkanlage mit ihren romantischen Tümpeln, Alleen und ihrer Blumenpracht kann über den Rosalia-Rundwanderweg erkundet werden. Beeindruckend ist auch die Ballung an Denkmälern gleich hinter der Militärakademie: Hier wacht neben der Landesmutter Maria Theresia unter anderem ihr Nachkomme Kaiser Franz Joseph I. über das Areal.

Wo?

Vom Wiener Hauptbahnhof verkehren regelmäßig Züge nach Wiener Neustadt. Vom Bahnhof zur Theresianischen Militärakademie (Burgplatz 1) ca. 15 Min. Fußweg (beschildert).

Wann?

Eingangsbereich der St.-Georgs-Kathedrale und Innenhof (Zugang über Militärwache) tgl. ab 8 Uhr bis Einbruch der Dunkelheit zu besichtigen

Wichtiges

Führungen durch die St.-Georgs-Kathedrale sonntags um 16 Uhr (8 €). Karten rechtzeitig online buchen unter: www.webshop-wn.at

Kaiserliches Thermen-Vergnügen: Jungbrunnen mit nostalgischem Ambiente.

Die niederösterreichische Thermenregion erstreckt sich südlich von Wien bis nach Neunkirchen kurz vor dem Semmering-Pass und hat es im wahrsten Sinne des Wortes in sich: Hier treffen die Ausläufer der Alpen in Form des Wienerwalds auf die Pannonische Tiefebene, weshalb die Gegend eine hohe tektonische Aktivität an den Tag legt. Das eine oder andere leichte bis mittelstarke Erdbeben ist keine Seltenheit. Ein positiver Nebeneffekt der Thermenlinie ist – wie der Name schon sagt – die Vielzahl an sprudelnden Quellen. Einer der eher unbekannteren, jedoch ein besonders hübscher und nostalgischer Jungbrunnen, ist das Thermalbad von Bad Fischau-Brunn!

Ein kleines Badeschlösschen

Der kleine Ort westlich von Wiener Neustadt war aufgrund seines wertvollen Wassers vermutlich bereits den Römern bekannt; spätestens seit dem 14. Jahrhundert ist ein Badebetrieb nachgewiesen und während der K.u.K.-Monarchie erlebte dieser seinen Höhepunkt. Mit dem Slogan „Baden wie zu Kaisers Zeiten“ wirbt das Bad auf seiner Homepage und verspricht definitiv nicht zu viel: Die denkmalgeschützte Anlage ist sogar für wasserscheue Zeitgenossen einen Besuch wert. Gleich einer Miniaturversion von Schloss Schönbrunn, die sich auf der Wasserfläche des kleinen Thermalsees spiegelt, wirkt das historische Holzgebäude mit den Umkleidekabinen. Es gibt ein historisches Herren- und ein Damenbad – heute darf jedoch jeder planschen, wo er will.

Augen zu und durch!

Um den Ort mit Leib und Seele zu genießen, braucht es etwas Überwindung: Wärmer als 19 °C ist das Wasser auch im Hochsommer nicht. Doch schnell gewöhnt man sich an die Temperatur und zieht seine Bahnen in dem kristallklaren Wasser, das sich wie Seide anfühlt. Ausgedehnte Liegewiesen bieten Ruhe und Entspannung und ein Gastronomiebetrieb offeriert die Klassiker der österreichischen Küche. Doch auch bei kühlem Wetter hält die Quelle ihre gleichbleibende Temperatur und was bei 30 °C abkühlt, wirkt bei 15 °C Außentemperatur fast wie eine wärmende Badewanne. 2022 sind einige Quellen vorübergehend versiegt; mittlerweile hat sich die Situation aber wieder normalisiert.

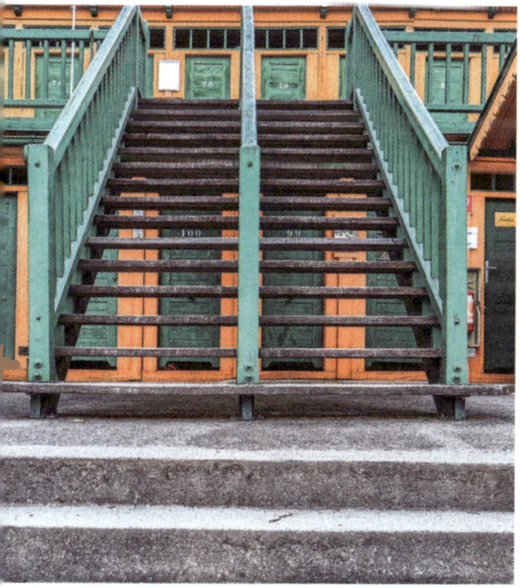

Wo?

Fischauer Thermalbad, Hauptstraße 10, 2721 Bad Fischau-Brunn. Regionalzug von Wiener Neustadt nach Bad Fischau-Brunn, kleiner Fußweg

Wann?

Ab Mai als Thermen-Freibad geöffnet. Im Winter Saunabetrieb. Infos: www.fischauer-thermalbad.at. Eintritt: 11 €

Wichtiges

Auch durch ihre Vielzahl an Burgen und die Weinberge gilt die Thermenregion als beliebtes Naherholungsgebiet. Bedeutende Thermalbäder befinden sich auch in Bad Vöslau oder Bad Erlach (Therme Linsberg).

Kulturelle Wiederbelebung eines Sommerfrische-Idylls.

Nicht weit entfernt vom Semmering liegen die beiden Orte Payerbach und Reichenau an der Rax in einem engen Gebirgstal des Flüsschens Schwarza. In der Kaiserzeit entwickelten sie sich zu beliebten Fluchtpunkten des Wiener Großbürgertums. Baron Rothschild & Co. bauten sich hier Villen und kleine Schlösschen. Schriftsteller wie Heimito von Doderer wurden durch die Gegend zu unvergänglichen Zeilen inspiriert. Bis heute beziehen die Wiener von der Rax ihr Trinkwasser. Ein wenig drohte nach den Weltkriegen der Verfall. Doch zumindest im Sommer ist in kultureller Hinsicht wieder Leben ins Gebirgstal eingezogen.

Theaterkunst auf höchstem Niveau

„Wenn man wie ich seit mehreren Jahrzehnten immer wieder hier spielen darf, lernt man automatisch auch die Menschen und die architektonischen Kleinode kennen, die sich in dem Tal wie Perlen einer Kette aneinanderreihen. Über die Jahre verliebt man sich dann in die Gegend", erzählt Rainer Friedrichsen. Der 1943 in Hamburg geborene Schauspieler ist längst zum österreichischen Theater-Urgestein geworden, war unter anderem im Theater an der Josefstadt engagiert und gehört in Reichenau quasi zum Inventar. 2023 spielte er in Molières Tartuffe an der Seite von TV-Publikumslieblingen wie Stefan Jürgens und Stefanie Dvorak. Seit 1988 gibt es das Theaterfestival, gegründet wurde es auf Initiative des Künstler-Ehepaars Peter und Renate Loidolt. Mittlerweile kommen zu den hochkarätigen Aufführungen Theaterliebhaber aus dem ganzen deutschsprachigen Raum. Insbesondere der neue Saal, bei dem die Zuschauer rund um die Bühne platziert sind, garantiert besonderen Theatergenuss. Man ist ganz nahe am Geschehen und kann den Darstellern quasi über die Schulter schauen.

Entdeckungen beim Schlendern

Den Kulturgenuss in Reichenau kann man wunderbar mit Spaziergängen und Wanderungen kombinieren. Im Kurpark steht noch der alte Musikpavillon von 1909. In der Villa Wartholz logierte einst die kaiserliche Familie. Heute gibt es eine Schlossgärtnerei und ein Café auf dem Areal. Wer hoch hinauf will: Die Rax-Seilbahn bringt auch Fußfaule vom benachbarten Hirschwang zu den Almhütten des Bergmassivs auf 1600 Meter Höhe.

Wo?

Theater Reichenau, Hauptstraße 28, www.festspiele-reichenau.at. Anfahrt: Von Wien aus mit dem Zug durch den Bahnhof Payerbach-Reichenau gut zu erreichen (30 Min. Fußweg oder Bus zum Theater)

Wann?

Juli bis Anfang August

Wichtiges

Kulinarisches: Café-Konditorei Reichenau, Hauptstraße 43, www.cafe-konditorei-reichenau.at. Süße Leckereien gibt es direkt gegenüber dem Theater.

Zeitreise zur Belle Époque eines Kurorts. Villen, Eisenbahn und Geisterhotel.

Dem Ritter von Ghega (1802–1860) ist Österreichs erste normalspurige Gebirgsbahn Europas zu verdanken, die bis heute in gebogenen Kurven und über spektakuläre Viadukte einen Höhenunterschied von fast 500 Metern überwindet und über den Semmering-Pass Niederösterreich mit der Steiermark verbindet. Bereits beim Bau legten die Ingenieure und Landschaftsplaner Wert auf einen Einklang zwischen Natur und Technik. Als Meilenstein der Eisenbahn-Geschichte wurde das technische Meisterwerk 1998 zum UNESCO-Weltkulturerbe erklärt. Insofern hat sich der Ritter sein Denkmal am Bahnhof Semmering redlich verdient. Von hier aus kann man im Rahmen eines Rundgangs eine spannende Zeitreise durch die Belle Époque des Kurortes starten.

Das Geisterschloss an der Südbahn

In einigen alten Geschäften und ehemaligen Hotels leben heute nur noch die Geister der damaligen Zeit. Das noch immer größte Geisterhotel ist das berühmte Südbahnhotel. Der mächtige Bau mit seinen Türmen erinnert von der Aussichtsterrasse am Wetterhäuschen an ein Schloss. Mit den Bergen im Hintergrund geht es sogar als österreichischer Verwandter von Schloss Neuschwanstein durch. Um 1900 spielte sich im Südbahnhotel das gesellschaftliche Leben ab, die Crème de la Crème der Wiener Gesellschaft vergnügte sich im Casino oder in den historischen Wellness-Tempeln. Angeblich ist ein zukünftiger Hotelbetrieb geplant, derzeit werden die Säle im Sommer für kulturelle Events genutzt.

Wenn der Baum das Denkmal schluckt

Rund um das Hotel haben sich weitere Prachtvillen angesiedelt – besonders imposant: die Villa Kleinhans mit den Blumenverzierungen an der Fassade. Gegenüber findet man ein kleines Kuriosum: Ein Gedenkstein, der an den „hochherzigen Fürst von und zu Liechtenstein" erinnert, wurde im Laufe der letzten gut hundert Jahre von einer alten Buche teilweise regelrecht verschluckt – auch ein Symbol der Vergänglichkeit. Deutlich herausgeputzter als das Südbahnhotel präsentiert sich das Grand Hotel Panhans – neben dem Kurhaus das dritte Wahrzeichen aus der Belle Époque. Hier nächtigten bereits so klingende Namen wie Karl Kraus, Stefan Zweig, Arthur Schnitzler oder der Kaiser höchstpersönlich.

Wo?

2680 Semmering-Kurort. Mit dem Auto erreichbar über die S6, Ausfahrt Maria Schutz/Semmering. Neben Nahverkehrszügen aus Wiener Neustadt halten auch Schnellzüge aus Wien.

Wann?

Ganzjährig. Im Winter kann man den Kultur-Spaziergang mit Skivergnügen kombinieren.

Wichtiges

Spaziergang: Vom Bahnhof durch den Wald zum Südbahnhotel und weiter über die Hochstraße (Ausblick vom Wetterhäuschen) zum Grand Hotel Panhans und zur Pfarrkirche. Von hier zurück zum Bahnhof. Dauer: Ca. 1–2 Stunden

HOTEL

»In einigen alten Geschäften und ehemaligen Hotels leben heute nur noch die Geister der damaligen Zeit.«

Entdeckungstour in Österreichs südöstlichstem Zipfel – Toskana-Feeling inklusive.

Die Steiermark ist ein Bundesland voller Kontraste. Während im Norden mit den Alpen eine raue Berglandschaft dominiert, ist der Süden eher flach oder leicht hügelig und das Klima fast schon mediterran. Bad Radkersburg ist eine der Perlen der „steirischen Toskana".

Die versteckten Winkel der Stadt

Die Radkersburger Altstadt ist ein architektonisches Juwel wie aus einem Guss. Die uralten, gepflegten Bürgerhäuser erinnern noch heute an den einstigen Reichtum als wichtiger Handelsplatz. Häufig ist ein zweiter Blick hinter die Fassaden in die wunderschönen Innenhöfe lohnenswert. So mancher Schatz ist in Bad Radkersburg versteckt: Etwa die einzigartigen profanen Fresken des Malers Johannes Aquila de Radkersburgensis, die sich in einem unscheinbaren Kellergewölbe verstecken. Mit Schlüssel und Taschenlampe bewaffnet (man kann sie bei der Tourist-Info ausleihen) lassen sich die Reste des mittelalterlichen Freskenschatzes aus dem 14. Jahrhundert individuell erforschen. Aber auch die jüngere Geschichte hatte es in sich: Nur mit viel Glück ist Bad Radkersburg nach dem Ersten Weltkrieg nicht an Jugoslawien gefallen. Oberradkersburg (Gornja Radgona) mit seiner Burg liegt seither auf slowenischer Seite. Spätestens seit den 1990er-Jahren hat sich die lange angespannte Situation zwischen den Nationen beruhigt. Heute kann man während des Aufenthalts beide Seiten der einst geteilten Stadt problemlos erkunden und ein wenig über den Fluss ins benachbarte Slowenien schnuppern.

Wein und Schmaus für das Wohlbefinden

Auf beiden Seiten wächst übrigens sehr guter Rebensaft, den man sich in den vielen hübschen Buschenschänken und Vinotheken zu Gemüte führen kann. Typisch sind etwa der Traminer oder der sogenannte Heckenklescher – ein süffiger roséfarbener Wein. Die Gasthäuser bieten erstklassige Qualität: Kürbiskernöl und Käferbohnen dürfen auf der Speisekarte nicht fehlen. Diese typischen steirischen Schmankerl kann man auch auf dem Wochenmarkt als Mitbringsel erwerben. Überhaupt ist Bad Radkersburg ein Ort für Genießer, der alles bietet.

Wo?

8490 Bad Radkersburg. Von Graz aus verkehren regelmäßig Züge. Vom Bahnhof aus per CityBus ins Zentrum

Wann?

Ganzjährig

Wichtiges

Für den Genuss: Gasthaus zum Türkenloch, Langgasse 10, www.tuerkenloch.at. Der etwas seltsam anmutende Name darf nicht täuschen: Hier wird in einem uralten Altstadthaus hervorragende steirische Küche kredenzt.

Heilsames Wasser, weich wie pure Seide auf der Haut.

Ganz Österreich ist zwischen Bodensee und Neusiedler See reich gesegnet mit Wellnessoasen, die kaum Wünsche offen lassen. Die heißesten Thermalquellen befinden sich jedoch im äußersten Südosten der Republik: Im steirischen Thermen- und Vulkanland gibt es ungefähr ein halbes Dutzend Bäder, deren heilsames Nass mit hoher Temperatur und Mineralität aus den Tiefen der Erde sprudelt. Dazu gehören die Parktherme in Bad Radkersburg und das Rogner Bad in Bad Blumau.

Dem Bürgermeister sei Dank!

Schon zwei bis drei Stunden Aufenthalt etwa am Abend im seidig weichen Wasser der Parktherme in Bad Radkersberg garantieren einen langanhaltenden Wohlfühleffekt. Mit bis zu 36 °C strömt das Thermalwasser in die Außenbecken. Es gibt etliche Sprudeldüsen, doch eigentlich genügt es, sich mit geschlossenen Augen einfach nur durch das Wasser treiben zu lassen, um sämtliche Lasten des Alltags abzuschütteln. Wie neu geboren fühlte sich der Autor dieser Zeilen nach dem Thermalvergnügen. Untersuchungen haben herausgefunden, dass dabei nachweislich das schädliche Stresshormon Cortisol abgebaut wird. Das Quellbecken ist nur ab 16 Jahren zugänglich. Dafür existiert für Kinder ein eigener Bereich mit großem Becken und wilder Rutsche. Auch auf eine Saunawelt müssen Erholungssuchende nicht verzichten. Dass Bad Radkersburg seit den 1970er-Jahren von seinem tief aus der Erde sprudelnden Schatz profitiert, ist einem mutigen Bürgermeister zu verdanken. Nachdem man bereits tief in die Erde gegraben hatte und die Stadt mehr oder weniger pleite war, ließ er auf eigenes finanzielles Risiko weiter bohren und stieß schließlich doch auf heißes Wasser. Hut beziehungsweise Bademütze ab!

Wasserwelt aus Säulen und Farben

Die architektonisch interessanteste Therme Österreichs liegt sicherlich in Bad Blumau etwa 60 Kilometer östlich von Graz. Das Rogner Bad wurde vom berühmten Künstler Friedensreich Hundertwasser mit den für seinen Stil typischen abgerundeten Strukturen, den bunten Fassaden und verspielten Säulen gestaltet. Aus einem Urmeer strömt hier die stärkste Quelle des ganzen steirischen Vulkanlandes. Durch den hohen Solegehalt schwebt man fast wie im Toten Meer. Ein künstlerisch gestalteter Genuss für Leib und Seele!

Wo?

Parktherme Bad Radkersburg: Alfred Merlini-Allee 7, 8490 Bad Radkersburg;
Rogner Bad Blumau, Bad Blumau 100, 8283 Bad Blumau

Wann?

Parktherme: Mo–Do 9–21.30, Fr/Sa bis 23, So bis 20 Uhr. Tageseintritt 34 € (Abendkarte ab 18 Uhr: 14,50 €); Rogner Bad Blumau: tägl 9–23 Uhr. Tageseintritt Mo–Fr 57, Sa/So/feiertags 66 € (Abendkarte ab 17 Uhr: 44,90 €)

Wichtiges

In Bad Blumau befindet sich auch eine der ältesten Eichen Österreichs. Angeblich soll sie 1000 Jahre alt sein.

Ein Uhrturm und ein geheimnisvoller Vogel in der Felswand.

Stadttürme und Burgtürme sind sich oft recht ähnlich; doch in Graz steht ein Turm, der in seiner Art und Weise einzigartig ist. Der stolze Grazer Uhrturm ist das unbestrittene Wahrzeichen der steirischen Landeshauptstadt und das völlig zu Recht: Unübersehbar steht er auf dem Schlossberg hoch über der Altstadt. Je näher man ihm kommt, desto mächtiger und beeindruckender wird er.

Betörender Blütenduft am Treppenweg

Alle Wege führen zum Grazer Uhrturm. Was sich oft als reine Floskel entpuppt, stimmt in diesem Fall wirklich. Auf den Schlossberg kommt man auf unterschiedlichste Weise: Ob ganz bequem mit der Schlossbergbahn, vom Schlossbergplatz durch einen unterirdischen Gang oder gemütlich von der Sporgasse über einen gemächlichen Wanderweg. Die vielleicht spektakulärste Route führt vom schönen Schlossbergplatz an der Mur über etliche Treppen die steile Felswand hinauf – insbesondere an lauen Sommerabenden ein Muss für Verliebte und Romantiker! Es tun sich hübsche kleine Aussichtsterrassen auf und bereits Ende März verströmen die blühenden Büsche am Fels ihren betörenden Duft. Man merkt, dass Graz schon weit im Süden liegt. Sogar ein ganz besonderer Vogel hat hier bis ins späte Mittelalter gelebt: Der mit dem altägyptischen Ibis verwandte Waldrapp lebte in ganz Österreich lediglich hier an dieser einen Felswand.

Die Grazer Bürger retten den Uhrturm

Oben angekommen steht er schließlich in seiner ganzen gedrungenen Monumentalität vor einem: der Grazer Uhrturm. Er ist uralt und dennoch jede Viertelstunde hörbar aktiv. Seine mächtige Fläche und die vergleichsweise geringe Höhe – verbunden mit den großen Ziffernblättern und dem charakteristischen Dach, das ein wenig einem Hexenhäuschen gleicht – verleihen ihm das besondere architektonische Alleinstellungsmerkmal. Die Franzosen unter Napoleon wollten ihn ebenso wie den Rest der wehrhaften Burganlage dem Erdboden gleich machen, doch die braven Grazer Bürger zahlten für den Uhrturm und den benachbarten, sehr anmutigen Glockenturm ein Lösegeld und konnten so beide retten.

Wo?

Uhrturm: Am Schlossberg, 8010 Graz. Schlossbergbahn: www.holding-graz.at/de/freizeit/schlossberg/schlossbergbahn

Wann?

Treppenaufgang im Winter gesperrt. Schlossberg ganzjährig begehbar.

Wichtiges

Das Innere des Schlossbergs beherbergt noch weitere Attraktionen: Neben der Grazer Märchenbahn gibt es auch noch einen Lift samt Rutsche. Infos: www.graztourismus.at/de/sightseeing-kultur

Ganz nah an der Großstadt: Wanderung durch eine romantische Klamm

Ein Besuch der zweitgrößten Stadt Österreichs mit einem kleinen Naturerlebnis kombinieren? In Graz kein Problem! Ohne Umsteigen gelangt man mit der Straßenbahn an den nordwestlichen Stadtrand und findet sich in einer ländlichen Naturlandschaft wieder. Im Rahmen einer kleinen Wanderung geht es durch die wildromantische Rettenbachklamm mit dem Ziel der Wallfahrtskirche Mariatrost – einem echten Barock-Juwel.

Am kühlen Bach über Stock und Stein

Schon die Anfahrt mit der Straßenbahn kann sich sehen lassen. Nach und nach verlässt man das urbane Zentrum und passiert ein idyllisches Villenviertel sowie den kleinen Hilmteich – die Gegend ist ein beliebtes Naherholungsziel und die grüne Lunge der Stadt. Der Weg selbst führt zunächst ca. 15 Minuten vorbei an Häusern, ehe der Einstieg in die Rettenbachklamm erreicht ist. Nun geht es über Stock und Stein entlang des quirligen Bächleins. Insbesondere im Hochsommer ist es hier angenehm kühl. Man fühlt sich mitten in der Wildnis, gleichwohl man sich noch immer auf Großstadt-Gebiet befindet. Nachdem die Klamm bezwungen ist, geht es durch eine schöne Landschaft weiter über den Rabensteinersteig vorbei an einem Hirschgehege, ehe ein gut beschilderter Weg schließlich bergab nach Mariatrost führt. Wer nicht gleich wieder absteigen möchte: In der Gegend befinden sich an der Wenisbucherstraße nördlich der Rettenbachklamm einige nette Buschenschanken (Weinstuben) und ein Gasthaus. Zurück an der Hauptstraße wartet mit der Basilika Mariatrost schließlich noch ein kultureller Höhepunkt im wahrsten Sinne des Wortes.

Barocker Höhepunkt auf dem Hügel

Denn um die prächtige Barockkirche zu genießen, muss man noch ein letztes Mal aufsteigen – am besten über einen kleinen Pfad nach dem Überqueren der Hauptstraße. Die Kirche steht als wahre Gottesburg auf einem Hügel und begrüßt die Pilger über dem Eingang mit den Worten „Gehet in das Haus eurer Mutter". Mariatrost zählt zu den bedeutendsten Wallfahrtskirchen der Steiermark und ist ein Meisterwerk des Barock. Die Deckengewölbe und Seitenwände zieren prächtige Malereien des 18. Jahrhunderts. Unter anderem wird der Sieg Österreichs über die Türken thematisiert. Das Gnadenbild der Muttergottes am Hochaltar stammt aus dem 15. Jahrhundert. Über die Angelus-Stiege mit ihren 216 Stufen gelangt man zurück zur Straßenbahn.

Wo?

Anfahrt öffentlich: Straßenbahnlinie 1 Richtung „Mariatrost“ bis Station „Waldhof/Rettenbachklamm“. Der Beschilderung folgen. Durch die Klamm und weiter zur Wallfahrtskirche Mariatrost. Endstation der Linie 1

Wann?

Im Winter und nach starken Regenfällen ist die Klamm teils unpassierbar.

Wichtiges

Gesamtzeit der Wanderung: ca. 1,5 Std. (mit Weg zu einer der Gaststätten insgesamt ca. 45 Min. länger). Der Weg durch die Klamm ist nicht sehr lang, erfordert aber Trittsicherheit. Nur für geübte Wanderer!

Eine aufgeblasene Seegurke und ein UFO mitten im Gebirgsfluss.

Dieses Gebäude spaltet die Geister seit seiner Fertigstellung zu Beginn des neuen Jahrtausends. Die einen lieben es, wieder andere empfinden es als hässlichen Fremdkörper mitten im barocken Grazer Viertel von Mariahilf: Das Kunsthaus Graz. Mittlerweile hat es sich als modernes Wahrzeichen der steirischen Landeshauptstadt längst etabliert – denn unverwechselbar ist es auf jeden Fall. Im Inneren präsentiert sich zeitgenössische Kunst von Weltformat.

Das Fenster zum Uhrturm

Ein wenig wirkt es wie eine aufgeblasene Seegurke oder wie eine Mischung aus einer Frosch-Saurier-Kreuzung und einem Schlauchboot. Rundlich, einzigartig und letztlich undefinierbar. Als freundlicher Außerirdischer *(friendly alien)* wird der Kunsttempel gerne bezeichnet – entworfen von den Architekten Peter Cook und Colin Fournier in der sogenannten Blob-Architektur. Das Bauwerk zeichnet sich durch seine Rundungen und die wie Noppen erscheinenden *nozzles* (Bullaugen) aus. Auf mehreren Ebenen wird hier zeitgenössische Kunst vom Feinsten präsentiert. Insbesondere die oberste Fläche eignet sich für Ausstellungen mit gewaltigen Exponaten wie der Mauer des Künstlers Sol LeWitt. Über einen Glasgang hat man hier oben auch einen guten Blick auf die Dachkonstruktion. Übrigens: Durch eines der Bullaugen kann man auf den Grazer Uhrturm blicken. Dauerausstellungen sucht man im Kunsthaus vergeblich. Die Kunst ist einem ständigen Wechsel unterzogen. Einzige dauerhafte Fixpunkte sind der für Mitbringsel bestens ausgestattete Shop und das Café, das sich längst zu einem beliebten Treffpunkt entwickelt hat und nicht nur Museumsbesuchern offen steht.

Futuristische Insel mit Bühne

Nicht weit entfernt liegt mit der Murinsel ein weiteres modernes Wahrzeichen von Graz, das ebenso wie das Kunsthaus für Aufsehen gesorgt hat. Wie eine Art schwimmendes UFO liegt es mitten im rauschenden Gebirgsfluss und wird von zwei schräg verlaufenden Stegen von beiden Uferseiten erreicht. Tagsüber eher unscheinbar, entfaltet die bunt beleuchtete Insel besonders nach Anbruch der Dunkelheit ihren besonderen Reiz. Unter anderem beherbergt sie ein Café und eine kleine Freiluftbühne.

Wo?

Kunsthaus Graz, Lendkai 1, über mehrere Straßenbahnlinien vom Hauptbahnhof aus zu erreichen. Station „Südtiroler Platz/ Kunsthaus"

Wann?

Di–So und feiertags 10–18 Uhr, www.museum-joanneum.at/ kunsthaus-graz, Eintritt: 12 €

Wichtiges

Kunsthauscafé, geöffnet Mo–Sa 9–24 Uhr, So und feiertags bis 20 Uhr, www.kunsthauscafe. co.at. Infos zur Murinsel: www.murinselgraz.at

Dem quirligen Treiben der Einheimischen am Stadtplatz lauschen.

Die Steiermark ist ein abwechslungsreiches Bundesland voller Facetten. Vielleicht kann man sie in kleinen Ortschaften sogar besser kennenlernen als in der großen Hauptstadt Graz. Ein solcher Ort ist die kleine Stadt Frohnleiten. Etwa 30 Kilometer nördlich der Hauptstadt im idyllischen Murtal gelegen, herrscht hier ein munteres Treiben. Man spricht zünftiges Steirisch; etliche Lokale und kleine Läden laden dazu ein, die beschwingte Atmosphäre in aller Ruhe aufzusaugen.

Kultur, Klatsch und kleine Geschäfte

Stolz erheben sich die prächtigen Häuser Frohnleitens über dem Fluss Mur wie eine Wand. Den schönsten Blick auf das stolze Gesamtensemble hat man vom gegenüberliegenden Ufer nahe der Brücke. Danach geht es hinauf zur guten Stube Frohnleitens: dem Hauptplatz. Über die Befestigungsanlage des Tabor, steil unter einem Wachturm hindurch, gelangt man auf den großen Platz mit seinen hübschen Fassaden. Hier herrscht in der warmen Jahreszeit beschwingtes Treiben. Radfahrer des Murradwegs machen eine Pause und die Einheimischen besprechen in ihrer unnachahmlichen Mundart den neuesten Klatsch und Tratsch. Von den Außentischen des Café Aufschlager oder der schräg gegenübergelegenen Tavernetta kann man das bunte Tun prächtig beobachten. Letztgenanntes Lokal bietet übrigens ganz hervorragende Tagesgerichte. Auch etliche kleine Läden gilt es zu entdecken – vom Alpaka Modegeschäft bis hin zum Geschenkeladen. Wer es etwas ruhiger mag, gelangt über einen Durchgang zwischen Pfarrkirche und ehemaliger Katharinenkirche zum idyllischen Klostergarten.

Historische Kaltwasserheilanstalt

Etwa von der Mitte des Stadtplatzes aus führt ein steiler – im Winter beheizter (!) – Treppenabgang wieder hinunter zur Mur. Hier steht das Denkmal eines Herren, der ein wenig dem Kaiser Franz Joseph ähnelt. Es handelt sich um den Hydropathen (Wasserheilkundler) Franz Rumpelmaier (1805–1869), welcher hier im 19. Jahrhundert eine Kaltwasserheilanstalt betrieben hat. Bis von weither kamen die Kurgäste an die „Perle des Murtales" und genossen auf den unterschiedlichsten Ebenen des Kurhauses die Annehmlichkeiten der Anstalt. Leider existiert die Anstalt nicht mehr; eine steirische Perle ist Frohnleiten aber noch immer!

Wo?

8130 Frohnleiten. Stadtzentrum vom Bahnhof aus in wenigen Minuten erreichbar. S-Bahnen verkehren regelmäßig zwischen Graz und Bruck an der Mur. Tourist-Info: Hauptplatz 2.

Wann?

Besonders reizvoll im Frühling. Rund um Ostern ist der gesamte Ort mit bunter Dekoration und Ostereiern geschmückt.

Wichtiges

Tavernetta: Hauptplatz 20, geöffnet Di–Fr 10–22 Uhr (Küche bis 19 Uhr). Café Aufschlager: Hauptplatz 25, tägl. geöffnet. Einige Kilometer außerhalb des Stadtzentrums liegt der Ort Adriach mit seiner uralten Kirche aus dem 10. Jahrhundert.

Jede Menge Burgen und Kärntner Gastfreundschaft.

Von den Kärntnern sagt man gerne, sie seien ein etwas eigener österreichischer Menschenschlag. Selbst auf so manchen Österreicher aus den anderen Bundesländern wirken Mentalität und Sprache skurril und etwas fremdartig. Norddeutsche Touristen werden hier im Süden erst recht mit der einen oder anderen Sprachbarriere konfrontiert, sobald die Einheimischen in ihrem Dialekt loslegen. Doch hinter der urwüchsigen Fassade der Bevölkerung versteckt sich ein großteils liebenswerter, etwas rauer, aber ehrlicher Menschenschlag – verbunden mit ursprünglicher Gastfreundschaft. In Friesach kommt man dem Kärntner Lebensgefühl sehr nahe – gleichzeitig ist die uralte Stadt ein Schatzkästchen für Liebhaber des Mittelalters.

Ein erhaltener Wassergraben

Eine Besonderheit Friesachs fällt einem schon beim Betreten der Altstadt auf: Als einer der wenigen Orte hat sich in der Stadtgemeinde mit ihren 4900 Einwohnern ein komplett gefüllter Wassergraben um die wehrhaften Stadtmauern erhalten. Schnell hat man das Zentrum mit dem prächtigen Renaissance-Brunnen erreicht und direkt neben dem Hauptplatz ragen gleich eines Doms die romanischen Türme der Pfarrkirche in den Kärntner Himmel. Einige traditionsreiche Gaststätten laden zur zünftigen Einkehr ein. Wer die Seele Friesachs aber komplett erkunden will, muss den einen oder anderen Aufstieg in Kauf nehmen. Denn über der Altstadt erhebt sich eine kleine Armada an Burgen – jede mit ihrem ganz eigenen Charakter. Unübersehbar thront direkt über der Stadt die Burgruine Petersberg mit der alten Kirche und dem Bergfried.

Der Zauber der Kirchenruine

Nicht ganz so hoch gelegen, aber mindestens genauso spannend ist ein Abstecher zum Virgilienberg etwas südlich der Altstadt. Von der gotischen Kirche ist nur noch der Chor erhalten. Die alte Kirchenruine scheint im Dornröschenschlaf zu liegen und der Platz versprüht eine besondere Magie. Fast fühlt man sich ins mittelalterliche England versetzt – etwa nach Glastonbury oder Yorkshire. In Friesach gibt es auch noch ein ganz spezielles Burgprojekt: Das Erlebnis Burgbau Friesach hat sich seit 2009 auf die Fahnen geschrieben, eine komplett neue Burganlage mit ausschließlich mittelalterlichen Techniken zu bauen. Im Rahmen von Führungen kann man das spannende Projekt begleiten.

Wo?

9360 Friesach. Zentral gelegener Bahnhof. Regelmäßige Zugverbindungen von Klagenfurt und Bruck an der Mur.

Wann?

Ganzjährig. Stadtmuseum am Petersberg Mai–September, Mi–So 11–17 Uhr; Burgprojekt geöffnet: Mitte April–Ende Oktober: www.burgbau.at

Wichtiges

Ausgewählte Gaststätten: Restaurant Speckladle, Wiener Straße 12, schöne Terrasse am Burggraben. Gasthof zum Goldenen Anker, Bahnhofstraße 3. Hotel Villa Bucher, Hauptplatz 11, gehobene Küche

Ein abgeschiedenes Meisterwerk der Romanik.

Dieser österreichische Schatz ist gar nicht so leicht zu finden. Er versteckt sich abseits der touristischen Hauptrouten in einem grünen Tal, umgeben von der Hügellandschaft Mittelkärntens. Doch die kurvige Anreise zum Gurker Dom ist ein Muss für all jene, die sich gerne in den Bann romanischer Architektur ziehen lassen – man wird in ganz Österreich kein prächtigeres Zeugnis dieser Mittelalter-Epoche finden. So manche Spur führt sogar noch weiter zurück in die Zeit der Kelten und Römer – allerhand Geheimnisvolles gilt es zu entdecken.

Unter Hemmas Schutz

Geweiht ist der Gurker Dom der heiligen Hemma von Gurk, ihres Zeichens Schutzpatronin Kärntens, bei der Historie und Heiligenlegende ein wenig auseinanderdriften. Ein ausführlicher Lebenslauf würde hier zu weit führen, nur so viel sei gesagt: Sie lebte wohl ungefähr zwischen 1000 und 1045 und kam durch Erbschaften zu großem Reichtum. Mit diesem gründete sie etliche Kirchen in ganz Kärnten, so auch das Frauenkloster in Gurk. 1287 wurde sie selig gesprochen; mit der Heiligsprechung ließ sich die katholische Kirche bis 1938 Zeit. Den Dom selbst hat Hemma nicht mehr miterlebt. Er wurde zwischen 1140 und 1200 fertiggestellt. Vielleicht ist es der Abgelegenheit zu verdanken, dass sich sein Erscheinungsbild fast unverändert erhalten hat. Sehenswert sind unter anderem die romanischen Portale, die Fresken in der Vorhallenwand und der monumentale Hauptaltar des sächsischen Künstlers Hönels aus dem 17. Jahrhundert. Noch heute wird er während der Fastenzeit vom ältesten und größten Fastentuch Österreichs verhüllt.

Seltsame Köpfe unter dem Grab

Steigt man hinab in die Krypta, so wird es richtig mysteriös: Sie fasziniert allein schon durch ihren Reichtum an Säulen. Wüsste man nicht, dass man sich im ländlichen Kärnten befindet, man wähnte sich in Rom oder Jerusalem. Hier steht auch das Grabmal der Hemma. Einst krochen Frauen unter ihm hindurch, um Kindersegen zu erbitten. Wer sich hinunterbückt, erkennt archaisch anmutende Steinköpfe. Ob es sich tatsächlich um keltische Relikte handelt, ist umstritten. Gesichert erscheint aber, dass sich hier bereits in vorchristlicher Zeit ein keltischer Tempel für die Pferdegöttin Epona befunden hat.

Wo?

Gurker Dom: Domplatz 11, 9342 Gurk

Wann?

Ganzjährig

Wichtiges

Kulinarisches: Gute Kärntner Küche bietet der direkt neben dem Dom gelegene Kronenwirt am Domplatz 8, https://kronenwirt.at

Steiler Hügel mit 14 Schlössern – Österreichs vielleicht schönste Burganlage.

Die Feste Hohensalzburg kennt fast jeder, auch die Festung Kufstein ist ein Begriff – liegt sie doch markant am Weg Richtung Brenner. Doch Österreichs vielleicht schönste und spannendste Burganlage ist international eher unbekannt, gleichwohl sie als Kärntner Aushängeschild gilt. Tief im Süden der Alpenrepublik gelegen, hat sich Hochosterwitz auf einen markanten Hügel geklammert und ist schon von der Ferne ein absoluter Blickfang.

Von Tor zu Tor bergauf!

Das Mittelalter mit seinen umherziehenden Raubritter-Banden und feindlichen Heerscharen sowie die exponierte Lage an einer wichtigen Nord-Süd-Verbindung haben die Burgherren mit einer ordentlichen Portion Vorsicht ausgestattet. Ganze 14 Burgtore, die sich gleich eines Schneckenhauses den Berg hinaufziehen, samt Ziehbrücken und diverser Abwehranlagen machen die Burg förmlich zu einem Hochsicherheitstrakt. Selbst wenn mittlerweile ein steiler Lift nach oben führt, sollte man sich den Fußweg durch die 14 Schleusen nicht entgehen lassen. Kein Burgtor gleicht dem anderen und bis heute haben sich kunstvolle Reliefs und Malereien erhalten.

Ein Riese als Kommandant

Oben angekommen führt ein Abstecher zur alten Burgkirche. Das Hauptportal wird eingerahmt von zwei lebensgroßen Reliefs eines Mannes und einer Frau mit strengen Gesichtern. In der eigentlichen Burg ist ein spannendes Museum untergebracht. Ausgestellt sind sehr realistische und kunstvoll gestaltete Porträts der alten Burgherren – auch das heutige Besitzer-Ehepaar hat sich in Farbe verewigen lassen. In der Sammlung der Ritterrüstungen sticht jene des Burgkommandanten Schenk heraus; ganze 2,25 Meter war er groß und dürfte ungebetenen wie gebetenen Gästen eine ordentliche Portion Respekt eingeflößt haben. Von einem Balkon aus genießt man eine tolle Fernsicht bis hinein in die slowenischen Karawanken. Und nach absolvierter Burgtour kann man sich im Gastronomiebetrieb des Innenhofs ausgezeichnet stärken. Dann tritt man schließlich den Rückweg an – eventuell die Abkürzung mit dem spektakulären Glaslift.

Wo?

Hochosterwitz 1, 9314 Launsdorf. Vom Bahnhof Launsdorf verkehrt ein Bus zur Burg.

Wann?

Geöffnet: April–Mai und September–1. November 10–17 Uhr, Juni–August 9–18 Uhr, Eintritt: 18 €. Infos: www.burg-hochosterwitz.com

Wichtiges

Liebhaber des Mittelalters sollten einen Besuch der Burg mit einem Abstecher in die nicht allzu weit entfernte Stadt Friesach verbinden.

Villen, Berge, klares Wasser: Einen Luxus-See mit dem Elektroboot erkunden.

Von den österreichischen Seen verbindet man einen ganz besonders mit den Schönen und Reichen: den Wörthersee! Wer etwas auf sich hält, besitzt hier an der „Kärntner Riviera" eine Villa oder eine Motorjacht – im besten Fall beides. Berühmtheiten aus Wirtschaft, Kultur und Politik nennen hier Grundstücke am Ufer ihr Eigen. Für den Durchschnittsbürger bleiben aber auch noch ein paar Stückchen Seeufer: Zum Beispiel im mondänen Ort Pörtschach. Ein wenig versprüht er noch den Glanz vergangener Zeiten, mittlerweile ist alles etwas gemütlicher.

Es muss kein Luxusboot sein!

In Pörtschach kann man herrlich am Ufer entlang flanieren, die Wasservögel beobachten, sich ein Eis auf einer der Caféterrassen genehmigen, die Reichen und Schönen beobachten oder sich im Sommer den spritzigen Vergnügungen des Promenadenbads hingeben. Das Areal des beliebten Freizeitbades erstreckt sich auch über einen Teil der idyllischen Schlangeninsel. Das mit Schilf bewachsene Eiland ist im 19. Jahrhundert durch ein Absinken des Wasserspiegels förmlich aufgetaucht. Doch keine Angst: Schlangen gibt es hier nicht; der Name resultiert aus der Schlangenform der Insel. Ganz in der Nähe des Bades gibt es einen Bootsverleih. Die vielleicht schönste Art, den See zu erkunden: sich hier ein Elektroboot ausleihen! Gemächlich schippert man über den glasklaren See und kommt den prächtigen Villen aus der Zeit um 1900 relativ nahe. Als Wörthersee-Architektur wurden die schmucken Anwesen mit ihren Türmchen und hölzernen Badehäuschen ein Begriff. Selbstverständlich sollte immer ein gewisser Abstand zum Ufer gewahrt bleiben – schließlich sind die Bewohner keine Freizeitpark-Attraktionen und wollen auch ihre Ruhe haben.

Die magische Insel im See

Bis zur gegenüber von Pörtschach gelegenen Halbinsel Wörth ist es etwas weit mit dem Elektroboot. Man erreicht sie dafür mit Ausflugsschiffen, die vom Peter Alexander Steg regelmäßig ablegen. Sie ist sicher einer der schönsten Plätze am ganzen See mit ihrer uralten Wallfahrtskirche auf dem kleinen Hügel. Schon etliche Male diente sie als Filmkulisse – beispielsweise für die beliebte Komödie „Hochwürden erbt das Paradies" mit Hans Clarin in der Hauptrolle.

Wo?

9210 Pörtschach. Der Ort liegt am Nordufer des Wörthersees ungefähr zwischen Villach und Klagenfurt und besitzt einen Bahnhof.

Wann?

Im Sommer sehr beliebt. Im Frühling und Herbst weniger stark frequentiert.

Wichtiges

Am Wörthersee kann das Wetter im Sommer blitzschnell umschlagen. Wer sich mit einem Boot auf dem See befindet, sollte dunkle Wolken stets im Auge haben.

Heitere Altstadt mit südländischem Flair und besteigbarem Campanile.

Villach kommt ganz ohne bedeutsame Architektur und weltberühmte Attraktionen aus. Das Kärntner Städtchen unweit von Italien und Slowenien hat seinen besonderen Reiz, die kompakte Altstadt ist zu Fuß gut zu erkunden und jeder findet schnell sein Wohlfühl-Plätzchen. Da ist etwa Villachs Wasserader, die Drau. Sie fließt würdevoll in harmonischem Bogen durch die Stadt – die Flusspromenade wird von repräsentativen Gebäuden bekrönt.

Schweißtreibend, aber lohnenswert

Der ganze Hauptplatz ist eine Fußgängerzone und Herzstück der Stadt, bis heute existiert der alte Pranger. Hier treffen Einheimische auf Touristen und bilden eine quirlige Mischung. Von einem der vielen Cafés auf dem Hauptplatz kann dieser Trubel gemütlich beobachtet werden oder man lässt sich von den Menschen mittreiben. Sehenswert ist die gotische Pfarrkirche Sankt Jakob und ihr Kirchturm. Als ehemals freistehender Campanile stellt er eine Besonderheit dar. Für ein paar Euro kann man ihn besteigen – etwas Kondition sowie Klaustrophobie-Resistenz und fehlende Schreckhaftigkeit vor dem plötzlichen Donnerschlag der Kirchenglocken vorausgesetzt. Als Belohnung winkt ein toller Ausblick in alle vier Himmelsrichtungen.

Bronzestatuen als fröhliche Fotomotive

In der ganzen Stadt stehen Bronzedenkmäler. Schon am Bahnhof wird man von einem Fahrdienstleiter aus Metall begrüßt, vor der Stadtpfarrkirche sitzt ein mächtiger Adler und bei der Villacher Brauerei dient ein zünftiger Brauer als beliebtes Selfie-Motiv. In Villach herrscht generell eine gewisse Heiterkeit. Selbst manch gebürtiger Klagenfurter gibt trotz der Kärntner Städte-Rivalität hinter vorgehaltener Hand zu, sich von der fröhlichen Villacher Atmosphäre gerne umgarnen zu lassen. Nicht ohne Grund ist Villach auch die Faschingshochburg Österreichs, quasi das „Köln an der Drau". In diesem Sinne tönt der Villacher Narrenruf: Lei Lei!

Wo?

9500 Villach liegt nahe der italienischen Grenze und ist mit Fernverkehrszügen von München und Wien aus gut zu erreichen. Der Ossiacher See und Faaker See sind gleich nebenan.

Wann?

Ganzjährig lohnenswert, insbesondere im Sommer und im Fasching.

Wichtiges

Einkehrtipp: Villacher Brauhof, Bahnhofstraße 8, www.villacherbrauhof.at. Gleich bei der Villacher Brauerei gelegen. Gute Biere und Schmankerl wie Kärntner Kasnudeln

Wo die spanische Gräfin spukt: Zu Gast im Kärntner Renaissance-Juwel.

Spittal an der Drau zählt auf den ersten Blick nicht unbedingt zu jenen Plätzen, die man unbedingt einmal im Leben gesehen haben muss – trotz quirliger Innenstadt und hübscher Lage zwischen Bergen und Millstätter See. Für Liebhaber der Renaissance ist der Ort aber fast ein Muss: Liegt doch mitten im Zentrum mit Schloss Porcia einer der schönsten Palazzi Europas – samt Museum und einer umhergeisternden Gräfin.

Der Arkadenhof begeistert

Das auf den ersten Blick unscheinbare und gleichsam harmonische Schloss am Rande des Spittaler Stadtparks wird durch repräsentative Tore von zwei Seiten aus betreten. Im Innenhof eröffnet sich dann die ganze Pracht des 16. Jahrhunderts: der dreigeschossige Arkadenbau begeistert bis heute nicht nur Kunsthistoriker aus aller Welt. Entstanden ist das Schloss zwischen 1533 und 1597 im Auftrag des kaiserlichen Schatzmeisters Gabriel von Salamanca unter der Leitung bedeutender italienischer Baumeister – ein Hauch Toskana mitten in den Kärntner Alpen! Viele kunstvolle Reliefs verdienen einen genaueren Blick – etwa der kleine Steinlöwe auf der Balustrade, der durch häufiges Streicheln über die Jahrhunderte glatt poliert worden ist. Fast traut man sich nicht, die Innenräume zu betreten, doch der Besuch ist kostenlos und man bewegt sich frei durch die Säle. Lediglich für das Volkskultur-Museum im zweiten Stockwerk ist Eintritt zu entrichten.

Magnet für Geisterjäger aus aller Welt

Eine Nachfahrin des Erbauers war die Gräfin Katharina von Salamanca. Der Sage nach soll sie eine hartherzige Frau gewesen sein, welche ihre Hunde auf Bettler hetzen ließ, wobei ein alter Mann zerfleischt wurde. Durch dessen Fluch verlor sie ihren einzigen Sohn und beschloss noch vor ihrem Tod, all ihre Schätze einmauern zu lassen. Um Zeugen zu beseitigen, stieß sie angeblich den Maurer in den Innenhof und erschlug die eigene Zofe mit einem Pantoffel. Bis heute soll ihr Geist in den dunklen Sälen des Schlosses spuken, was Geisterjäger aus aller Welt nach Spittal lockt. Zweifellos: Als Besucher fühlt man sich etwas beobachtet, wenn das Holz plötzlich zu knarzen beginnt. Eine schöne Mischung aus Kunstgenuss und Kärntner Grusel!

Wo?

Schloss Porcia, Burgplatz 1, 9800 Spittal an der Drau

Wann?

Schloss ganzjährig geöffnet, kostenloser Eintritt. Öffnungszeiten und Eintrittspreise „Museum für Volkskultur“: https://www.museum-spittal.com/oeffnungszeiten

Wichtiges

Ganz in der Nähe liegt mit dem Millstätter See einer der wärmsten und größten Seen Kärntens.

Flanieren an „Österreichs Ozean“, Baden mit Nostalgie-Feeling.

Nur ein kleines Stückchen Bodensee befindet sich in österreichischem Besitz, doch diese wenigen Kilometer Ufer zwischen Schweiz und Bayern sind den Bewohnern des „Ländles“ eine Herzensangelegenheit. Nicht ohne Augenzwinkern heißt es im Lied „Oho Vorarlberg“ von Reinhold Bilgeri und Michael Köhlmeier aus dem Jahr 1974: „Oft waren wir schon in der Ferne, sogar bis Lindau drangen wir. Dort standen wir am Ufer gerne, viel schöner ist das Ufer hier.“

Schönster Sonnenuntergang im Land

Tatsächlich ist der Fernblick von der Bregenzer Seepromenade, einer künstlichen Landzunge ganz in der Nähe des Hafens, einzigartig in Österreich. Wenn man nicht wüsste, dass es ein See ist, wähnte man sich an einem Meer. Schier grenzenlos schweift der Blick übers Wasser Richtung Westen. Besonders während der sommerlichen Sonnenuntergänge sitzen dann oft hunderte Romantikerinnen und Romantiker auf den Stufen und genießen das südländische Flair. Kein Wunder, dass auch die Seebühne, unabhängig von ihren bombastischen Inszenierungen, während der Bregenzer Festspiele von diesem Naturschauspiel profitiert.

Die älteste Badeanstalt am Bodensee

Nur ein paar hundert Meter sind es vom Hafen zum Nostalgiebad Mili. Bei der Pfahlbau-Konstruktion handelte es sich ursprünglich um ein altes Militärbad aus dem Jahre 1825, das Ende der 1970er-Jahre teils abbrannte, zum Glück aber originalgetreu wiederhergestellt werden konnte und sich somit als „älteste Badeanstalt des Bodensees“ rühmen darf. Das Relikt ist ein absolutes Muss für Wasserratten mit Liebe zum Nostalgischen – verbunden mit dem Duft nach Holz, blumengeschmückten Fenstern, einem überwachten Schwimmbereich und dem fantastischen Blick über „Österreichs Ozean“.

Wo?

Nostalgiebad Mili: ca. 200 m nordöstlich vom Bahnhof „Bregenz Hafen“ an der „Pipeline“

Wann?

Geöffnet: Mai bis Mitte Sept. 11–18 Uhr (Hochsommer bis 20 Uhr)

Wichtiges

Auf Höhe des Bades liegt am Fußgänger-Bahnübergang ein empfehlenswerter Kiosk. Badegäste holen sich dort schnell mal ein Eis.

Wo die Hai-Mumie im Torbogen wacht: Ein Bummel durch die Oberstadt.

Vorarlbergs Hauptstadt Bregenz scheint zwischen zwei kontrastreichen Polen zu schwingen. Die Innenstadt erstreckt sich zwischen der fast mediterranen Seepromenade mit ihrer teils modernen Architektur und der mittelalterlichen Oberstadt. Letztere ist wie eine kleine Welt innerhalb der Stadt. Mit ihren wehrhaften Mauern und der nahezu original erhaltenen Bausubstanz hat sie sich bis heute ihr ganz eigenes Flair erhalten – die Zeit scheint stillzustehen. Auch verirren sich gar nicht so viele Menschen hier herauf; zu bestimmten Stunden ist man ganz alleine in den romantischen Gassen mit ihren hübschen Fachwerkhäusern.

Skurriles Sammelsurium am Unteren Tor

Von der quirligen Innenstadt aus erreicht man die Oberstadt nach kurzem, steilen Anstieg durch das Untere Tor. Dieses allein ist schon ein kleines Freilichtmuseum. Man entdeckt hier neben einem Hubertushirsch, einem kunstvollen Kruzifix, mehreren Steinreliefs, alten Inschriften sowie dem Bregenzer Stadtwappen auch ein hängendes Ungetüm mit weit aufgerissenem Maul. Es handelt sich um die Mumie eines Hais. Wie und warum das Tier bis ans Ufer des Bodensees gelangte, ist nicht überliefert. Einstmals diente es wohl zur Abschreckung ungebetener Gäste.

Die größte Zwiebel Österreichs

Das eigentliche Museum ist jedoch im mächtigen Martinsturm untergebracht. Dieser beheimatet eine Kapelle, besitzt angeblich die größte Zwiebelhaube Mitteleuropas und es schlägt noch immer die alte Henkersglocke – zum Glück nicht mehr zur Hinrichtung. Im Museum selbst informiert die Dauerausstellung „Bregentz (!). Stadt am Bodensee" über die Stadtentwicklung seit der Römerzeit, als der Bodensee „lacus Brigantius", also Bregenzer See, hieß. Es wird ein Bogen gespannt von der Gründung der Oberstadt als Keimzelle des heutigen Bregenz bis hin zum Einzug des Tourismus. Mächtig und geheimnisvoll wirkt das im Südwesten der Oberstadt gelegene Deuringschlössle aus dem 15. Jahrhundert. Ein Fachwerk-Prachtbau ist das ehemalige Rathaus im Zentrum.

Wo?

Vom zentralen Kornmarktplatz in südlicher Richtung über Maurachgasse und Stadtsteig zur Oberstadt

Wann?

Martinsturm (Museum), Martinsgasse 3b, geöffnet: Mai–Okt., Di–So 10–18 Uhr

Wichtiges

Unweit der Oberstadt liegt der empfehlenswerte Maurachbund Stadtheurige mit guten Speisen und Weinen. Maurachgasse 11, www.maurachbund.at

Ein Geisterdorf und ein alter Turm mitten im quirligen Inn.

Dieser Ort wäre geeignet als Kulisse für einen Fantasy- oder Ritterfilm aus dem Mittelalter oder als Bühnenbild einer Wagner-Oper. Altfinstermünz gehört vermutlich zu den spektakulärsten Festungsanlagen Österreichs, hat sich aber bis heute seinen Status als unbekannteres Juwel bewahrt. Dies liegt daran, dass sich die Burg in einer tiefen Schlucht versteckt – weit unterhalb der viel befahrenen Straße von Landeck über den Reschenpass ins Südtiroler Vinschgau. Man muss sich den Platz erwandern oder ihn mit dem Fahrrad besuchen.

Altfinstermünz will erkundet werden

Lohnenswert ist eine kleine Wanderung von Hochfinstermünz aus – für Liebhaber verlassener Orte selbst schon eine morbide Sehenswürdigkeit. Das Geisterdorf besteht aus einigen verlassenen Häusern. Zu Zeiten der Donaumonarchie existierte hier eines der berühmtesten Sommerfrische-Hotels Tirols. Die letzte Besitzerin des Alpenhotels übersiedelte 2008 ins Altersheim, seitdem verfallen die denkmalgeschützten Ruinen vor sich hin. Über einen steilen Pfad und etliche Serpentinen erreicht man im Rahmen einer ca. 20-minütigen Wanderung das Tal des Inns. Einstmals verlief hier unten eine wichtige Handelsstraße. Das Nadelöhr an einem Felsen war deshalb ideal geeignet zum Bau einer Klause. Im Gegensatz zu Hochfinstermünz war der Burg ein glücklicheres Schicksal beschieden. Ein ehrenamtlicher Verein ermöglichte in den vergangenen Jahrzehnten eine umfangreiche Restaurierung. Im Sommer kann man Teile der Festung auch innen besichtigen.

Ein Katzensprung in die Schweiz

Einer der ältesten, noch aus dem Mittelalter stammenden Teile ist der archaisch mitten im quirligen Inn stehende Brückenturm, der noch unter der Regentschaft Kaiser Maximilians I. errichtet worden ist. Hier führt eine Holzbrücke ans gegenüberliegende Ufer und sobald man diese überquert, steht man im Schweizer Kanton Graubünden. Wieder zurück auf Tiroler Seite verdienen die gleich eines Schwalbennests in den Fels gebaute Höhlenburg Siegmundseck sowie der mächtige Klausenturm Beachtung. In der Klausenschenke neben der Kapelle kann man sich stärken, ehe es wieder hinauf zum Geisterdorf geht.

Wo?

Altfinstermünz 180, 6543 Nauders. Anfahrt über die Reschenstraße bis Hochfinstermünz, von hier steiler Fußweg zum Inn. Alternativ: Fußweg über die Schweiz (Engadiner Straße) oder Rad-/Wanderweg von der Kajetansbrücke bei Pfunds flussaufwärts

Wann?

Burgbesichtigung außen ganzjährig; Innenbesichtigung: Ende Mai–Anfang Okt. Di–So 11–16.30 Uhr

Wichtiges

Gut zu kombinieren mit einem kleinen Abstecher ins benachbarte Vinschgau. Ein berühmtes Fotomotiv ist der Kirchturm des versunkenen Dorfs Altgraun im Reschensee.

Tiroler Postkarten-Idyll par excellence: Ein abgelegenes Bergbauerndorf.

Dieser Soul Place entführt in eine atemberaubende Alpenlandschaft: Über das Hahntennjoch sind das Lechtal im Nordwesten Tirols und die Gemeinde Imst im Tiroler Oberland miteinander verbunden. Gemeinhin gilt die Strecke als eine der reizvollsten Passstraßen Österreichs – spektakuläre Felswände und herrliche Alpenpanoramen inklusive! Unterhalb des Passes liegt ein malerisches Tiroler Kleinod, das sich bis heute seine Ursprünglichkeit erhalten hat: das Bergdorf Bschlabs auf 1314 Meter Seehöhe.

Szenerie wie aus dem Heimatfilm

Von der B198 im Lechtal aus kommend, geht es über etliche Kehren und Tunnels schnell bergauf, ehe sich urplötzlich das kleine Dorf in herrlichster Bergkulisse vor den Augen präsentiert: Mit seinen uralten Bergbauernhöfen und dem weißen Kirchturm – bekrönt von einer Zwiebelhaube – könnte Bschlabs Urbild aller Tiroler Werbeprospekte und Heimatfilme sein. Der Refrain eines örtlichen Volksliedes könnte es nicht besser ausdrücken: „Es gibt an stillen Fleck im schönen Tirol, das ist das Bschlabsertal, da fühlt man sich wohl. Dort wo der Kuckuck ruft und wo der Gamsbock springt, ja dort ist Bschlabs, ganz von Bergen umringt."

Entschleunigung auf allen Ebenen

Im Mittelalter haben Religionsflüchtlinge aus dem Schweizer Engadin diesen abgelegenen Teil Tirols besiedelt. Es waren wenige Familien, die es an diesen Ort zog, und auch heute noch nennen nur rund 60 Bewohner das alpine Schwalbennest ihre Heimat. Seit 1938 besteht eine Autostraße und erst seit 1954 gibt es Strom. Sehenswert ist die Wallfahrtskirche Maria Schnee mit dem kleinen Friedhof. Noch kleiner ist der Nachbarort Boden mit der Kirche zum heiligen Josef. Richtung Passhöhe durchquert man unbewohnte alte Almdörfer, ehe die Szenerie wildromantisch wird. Immer wieder tun sich herrliche Ausblicke und Fotomotive auf, die einen schnell vom konzentrierten Autofahren ablenken können. Deshalb lieber einmal öfter stehen bleiben! Über etliche Kehren erreicht man den höchsten Punkt des Hahntennjochs auf 1894 m Höhe.

Wo?

6647 Bschlabs, Gemeinde Pfafflar

Wann?

Hahntennjoch-Passstraße geöffnet zwischen Mai und Oktober; keine Gebühr! Bei Schlechtwetter kurzfristige Sperrungen (Murenabgänge und Steinschlaggefahr)

Wichtiges

Gute Tiroler Küche: Gasthof zur Gemütlichkeit, Bschlabs 31, Tel. +43 5635 259, www.gemuetlichkeit.at

Ein See, der selbst einen König in seinen Bann zog.

Einer der schönsten Seen Tirols, vermutlich sogar der gesamten Alpenregion, ist der Fernsteinsee. Schon Bayerns Märchenkönig Ludwig II. liebte das smaragdgrüne Naturjuwel inmitten herrlichster Bergwelt und ließ sich im Schloss am Ufer ein Refugium einrichten.

Boot fahren direkt neben der Passstraße

Viele Touristen erhaschen auf ihrem Weg gen Süden von der stark frequentierten Fernpass-Straße nur einen kurzen Blick auf den See und fahren weiter – ein großer Fehler! Denn egal, ob man den See im Rahmen einer kleinen Pause umrundet, sich ein Ruder- oder Tretboot (auch als Schwanenboot) ausleiht, ihn wie einst der Bayern-Monarch auf der Insel-Ruine nächtlich im Mondschein zelebriert oder sich für ein paar Tage der freundlichen Beherbergung des Schlosshotels anvertraut – der kleine Alpensee wird nicht enttäuschen! Vor allem in den Morgenstunden entwickelt er seine ganz besondere Magie: Langsam lüftet sich der Morgennebel über der glasklaren Wasserfläche, die ersten Sonnenstrahlen kämpfen sich über die Anhöhen und lassen den See in herrlichstem Türkisgrün schimmern – die beste Tageszeit für eine kleine Ufer-Rundwanderung (ca. 1,5 Std.)!

Verwunschene Insel-Ruine

Etwa auf halber Wegstrecke verbindet eine Brücke das Ufer mit einer kleinen Insel. Ein Waldpfad führt die steile Anhöhe hinauf zur Ruine Sigmundsburg. Die Einheimischen berichten bis heute, dass König Ludwig II. sich hier oben ein Bett unter freiem Himmel hat errichten lassen, um laue Sommernächte im Mondlicht auf der kleinen „Tiroler Gralsburg" zu genießen. Wer schwimmen will, findet einige Badestellen – mehr als 16 Grad werden es aber auch im Hochsommer nicht. Hotelgäste haben einen eigenen Strand und können im Fernsteinsee sogar tauchen. Apropos Hotel: Hier hatte der Märchenkönig einst eine ständige Suite und noch heute hätte er mit der Herberge seine Freude. Das ganze Haus gleicht einem Museum – etwas kitschig vielleicht, aber mit viel Liebe gestaltet. Nicht unerheblich: Das Essen ist ebenfalls königlich.

Wo?
Schloss Fernsteinsee, Fernstein 475 c, 6465 Nassereith; www.fernsteinsee.at

Wann?
Das Hotel ist geöffnet von Mitte Mai bis Anfang Oktober.

Wichtiges
Bootsverleih bei der Raststation. Öffentliche Parkplätze begrenzt. Die mittelalterliche Kapelle neben dem Schlosshotel lohnt ebenfalls einen Besuch!

Viel Getöse und feuchte Luft: Hier kommt man dem Wasserfall-Giganten ganz nahe.

Das Ötztal ist eines der landschaftlich schönsten Täler Tirols und dementsprechend beliebt bei Urlaubern. Eine der Hauptattraktionen ist der mit einer Fallhöhe von 159 Metern höchste Wasserfall Tirols bei Umhausen. Nicht allzu weit entfernt: Der kleine Weiler Farst hoch über dem Ötztal, wo die Zeit stehen geblieben zu sein scheint.

Laut für die Ohren, gut für die Lunge

Doch zunächst zum tosenden Naturschauspiel: Vom großen Wanderparkplatz am Ortsrand aus geht es den Wildbach entlang hinauf in Richtung Wasserfall. Zunächst versteckt sich der Wasserfall noch, erst nach einem rund halbstündigen Fußmarsch präsentiert er sich in seiner ganzen Pracht. Ab hier beginnt der eigentliche Stuibenfall-Steig, der über eine Hängebrücke und viele Metalltreppen zu mehreren Aussichtsplattformen führt. Ein klein wenig schwindelfrei sollte man schon sein, um dem tosenden Wasser ganz nahezukommen – besonders beeindruckend ist der Blick von der mittleren Plattform aus. Hier sieht man den Hauptfall aus nächster Nähe und spürt die Naturgewalten am eigenen Leib. Achtung: Handy, Kamera und Kleidung können vom gischtartigen Sprühnebel etwas nass werden – im Hochsommer eine willkommene Abkühlung. Bei Sonnenschein bildet sich sogar ein kleiner Regenbogen. Falls Sie schlecht Luft bekommen: Der Wasserfall wirkt auch positiv auf die Lungenfunktion bei Asthmatikern.

Geschichte an entlegenen Orten

Auf dem Weg zum Wasserfall erkennt man in der Ferne auch die etwas nördlich von Umhausen gelegenen Höfe, die sich gleich Schwalbennestern an den Steilhang schmiegen. Es sind die uralten Bergbauernhöfe von Farst – ein Relikt aus alten Zeiten, als Tiroler Bergbauern bereits vor hunderten Jahren mit harter Arbeit selbst entlegene Gebirgsflächen in Kulturland verwandelt haben. Gleichzeitig zählt der kleine Weiler mit Kapelle zu den ältesten Siedlungen der Gegend. Bis heute leben zwei Familien auf diesem Balkon hoch über dem Ötztal. Über steile Serpentinen kann man in rund einer Stunde hinaufwandern. Als Belohnung für die Anstrengung winken eine fantastische Aussicht und die Einkehrmöglichkeit in einer urigen Jausenstation.

Wo?

6441 Umhausen. Bischofsplatz, Am Taufer Berg; gebührenpflichtig. Der Weg zum Stuibenfall inklusive Hängebrücke und Plattformen ist kostenlos. Jausenstation Farst: Farst 1, 6441 Umhausen, Di Ruhetag

Wann?

Frühling bis Herbst. In der Hauptsaison werden am Mittwoch geführte Laternenwanderungen zum beleuchteten Wasserfall veranstaltet. Infos: www.umhausen.com

Wichtiges

Neben dem normalen Weg existiert entlang des Wasserfalls auch ein Klettersteig für geübte Kletterer. In der Nähe des Stuibenfall-Parkplatzes befinden sich ein Ötzi-Dorf und ein Greifvogelpark.

Es schleichen ganz besondere Gestalten durch einen Tiroler Ort.

Falls Sie, werte Leserinnen und Leser, den folgenden Ort am eigenen Leibe miterleben möchten, haben Sie dazu nur alle fünf Jahre Gelegenheit. Genauer gesagt nur an einem Tag alle fünf Jahre. Insofern ist das Schleicherlaufen in der Tiroler Gemeinde Telfs eine absolute Rarität. Wer den Termin am 2. Februar 2025 verpasst, hat erst 2030 wieder die Möglichkeit, dieser faszinierenden alpenländischen Fasnachtstradition beizuwohnen.

Bunte Gewänder und kunstvolle Hüte

Die Ursprünge der Tiroler Fasnacht reichen weit in die Vergangenheit zurück und erinnern an vorchristliche Rituale des Winter-Austreibens. Hier folgt alles einer festen Ordnung und wird bis ins kleinste Detail in fröhlicher, doch niemals enthemmter Atmosphäre präsentiert – quasi ein alter Winter-Feiertag, bei dem fast die ganze Gemeinde auf die eine oder andere Art und Weise beteiligt ist. Circa 500 Männer zelebrieren das Telfer Schleicherlaufen in unterschiedlichen Formationen. Die Schleicher sind bunte Gesellen mit farbenprächtigen Gewändern, Masken und kunstvollen Kopfbedeckungen. Jeder Hut ist individuell gestaltet und stellt typische Szenen aus dem Dorf- und Alltagsleben dar. Dazu gesellen sich auch allerhand zottige Wesen, die sogenannten Wilden.

Fasnachtsbräuche

Bereits am frühen Vormittag finden die ersten Rituale statt: Unter anderem wird die Sonne durch den Ort getragen und ein Bär (kein echter!) wird eingefangen. Um 11 Uhr beginnt dann das eigentliche Schleicherlaufen, das sich über mehrere Stationen und Stunden gemächlich durch den Ort zieht. Begleitet wird das Schauspiel von heimischen Musikgruppen. Wer das seltene Spektakel verpasst, muss sich allerdings nicht allzu sehr grämen: In benachbarten Fasnachts-Hochburgen des Tiroler Oberlands finden ähnlich spannende Traditionsveranstaltungen statt, etwa das Schemenlaufen in Imst, das Schellerlaufen in Nassereith mit Masken voller Magie oder das Fisser Blochziehen. Auch die Dörfer rund um Innsbruck haben ihre ganz speziellen Umzüge: Hier tummeln sich unter anderem Wampeler und Muller und ziehen regelmäßig tausende Schaulustige an.

Wo?

6410 Telfs. Autobahnausfahrt zwischen Innsbruck und Landeck

Wann?

Nächster Termin des Telfer Schleicherlaufens: Sonntag, 2. Februar 2025,
Infos: www.schleicherlaufen.at

Wichtiges

Informationen zu weiteren Tiroler Fasnachtsveranstaltungen unter: www.tirol.at/reisefuehrer/kultur-leben/brauchtum/fasnacht

Wo der Kaiser um sein Leben fürchtete, blickt man ins Tiroler Land.

Wer auf der Autobahn von Innsbruck in westlicher Richtung ins Tiroler Oberland unterwegs ist, passiert eine der markantesten Landmarken des Inntals: die Martinswand bei Zirl fällt extrem steil – teils sogar überhängend – zum Nordufer des Inns ab und strahlt eine fast unheimliche Magie aus. Auf dem unter der Wand gelegenen Martinsbühel – einem kleinen Hügel – existierte schon im Mittelalter ein wichtiges Kloster. In der Wand selbst hat ein berühmter Kaiser lebensbedrohliche Stunden verbracht. Trotz aller Dramatik und Exponiertheit: Für trittsichere Wanderer existiert ein relativ harmloser Fußweg hinauf zur Martinswand, deren Besuch allein schon aufgrund ihrer fantastischen Aussicht lohnt.

Römersiedlung und älteste Kirche Tirols

Die alte Siedlung am Martinsbühel mit ihrer Burg und Kirche reicht weit in die Tiroler Urgeschichte zurück. So stand auf dem Areal einst das bedeutende spätrömische Kastell Teriolis, von dem aus die Fernverkehrsstraße zwischen Augsburg und Innsbruck kontrolliert wurde. Angeblich soll es sich bei dem kleinen Gotteshaus um die älteste noch bestehende Kirche Nordtirols handeln. Geschichtsträchtig ist der Platz noch in anderer Hinsicht: Kaiser Maximilian I. (1459–1519) – auch der „letzte Ritter" genannt – ließ sich dort um 1500 ein Jagdschloss errichten und frönte in seiner Tiroler Wahlheimat natürlich auch seinem Hobby. Als er sich während eines Jagdausflugs in der Martinswand verstiegen hatte, soll er ganze zwei Tage in der Felswand gefangen gewesen sein, ehe ihn ein Bauernbursche auf wundersame Weise gerettet hat. Noch heute erinnert in der Kaiser-Max-Grotte ein großes Kruzifix und die Statue des betenden Kaisers an dieses dramatische Ereignis.

Kleine Wanderung zur Grotte

Zur Grotte führen ein Klettersteig (nur für Geübte!) und ein gesicherter Weg für Bergwanderer mit Trittsicherheit und Schwindelfreiheit. Er führt in gemäßigter Steigung oberhalb eines Steinbruchs entlang – je höher man steigt, desto mehr wunderbare Aussichten tun sich auf. Die letzten Höhenmeter zur Grotte im Felsen muss man mittels einer Leiter überwinden. Entlohnt wird die ca. halbstündige Wanderung mit einem faszinierenden Blick ins Inntal und auf die gegenüberliegenden Berggipfel. Man fühlt sich durchaus kaiserlich – bei guten Wetterverhältnissen aber mit dem angenehmen Gefühl, wieder heil und ohne die kaiserlichen Ängste ins Tal zurückzukommen.

Wo?

6170 Zirl. Ausgangspunkt für die ca. einstündige Wanderung zur Grotte ist der Parkplatz beim Roten Kreuz in Zirl (Geistbühelweg 19, gebührenpflichtig). Von der Burg Martinsbühel aus kein Wanderweg!

Wann?

In der warmen Jahreszeit

Wichtiges

Weitere Sehenswürdigkeiten in Zirl sind die Pfarrkirche mit Fresken des Kirchenmalers Franz Plattner aus dem 19. Jh. und die Burgruine Fragenstein.

Wo die Berge über die Türme ragen – besondere Perspektiven.

Das Goldene Dachl in Innsbruck sollte man einmal im Leben gesehen haben, ebenso den Dom und die berühmte Hofkirche mit den sogenannten Schwarzmandern – überlebensgroße Bronzefiguren aus dem 16. Jahrhundert. Doch Innsbrucks Altstadt ist deutlich mehr als eine Ansammlung kunsthistorisch bedeutender Plätze. Es sind die Perspektiven, die den Charme Innsbrucks ausmachen: Die ständige Präsenz der gewaltigen Nordkette und des Patscherkofels, des Inns als historische Lebensader sowie die kleinen Entdeckungen an den Fassaden der Häuser und in versteckten Hinterhöfen. Großstadt und Landleben liegen oft ganz nahe beieinander.

Die Bergriesen wachen über die Stadt

In Innsbruck sind sicher nicht alle Viertel so pittoresk wie die kleinen Gassen in der Altstadt. Doch selbst die Straßenschluchten in der Nähe des Hauptbahnhofs haben ihren besonderen Reiz. Immer wieder ergeben sich spektakuläre Sichtachsen auf die Innsbruck umgebende Bergwelt. Die Bergriesen scheinen einen stets im Auge zu haben. Wo in anderen Alpentälern nur Dörfer beheimatet sind, hat sich im Herzen Tirols eine Großstadt entwickelt. Sogar einen Flughafen gibt es und die Maschinen donnern regelmäßig in niedriger Höhe über die Köpfe der Bewohner hinweg. Die Stadt besteht aus Kontrasten: Hochhaus-Klötze aus den 1970er-Jahren und nur wenige hundert Meter weiter alte Bergbauernhöfe aus dem 18. Jahrhundert. Moderne Architektur wie die Skisprungschanze oder die Stationen der Hungerburgbahn gesellen sich neben patriotische Tiroler Denkmäler. Der katholische Glaube ist an den Häuserfassaden ebenso präsent wie die Graffiti Street Art der alternativen Jugend- und Studentenszene.

Innsbruck von oben wie von unten

Alte Wandmalereien berichten von Innsbrucker Sagengestalten wie dem Hofzwerg Thomele oder den sagenhaften Riesen Haymon und Thyrsus. In den Gassen und Laubengängen gibt es unzählige, teils kunstvoll gearbeitete Zunft- und Ladenschilder. Von unten nach oben über die Türme und Dächer der Altstadt zu den Felswänden der Nordkette ist die Stadt ähnlich faszinierend anzusehen wie von oben nach unten: Wunderbare Aussichten genießt man ebenso vom Bergisel wie von den nördlich des Inns gelegenen Anhöhen von Anpruggen.

Wo?

6020 Innsbruck; Sagengesalt Hofzwerg Thomele: Hofgasse; Riese Thyrsus und Haymon: vor der Stiftskirche Wilten

Wann?

Ganzjährig. Im Frühling und Herbst ist es in Innsbruck nicht überlaufen.

Wichtiges

Der Advent und die Weihnachtszeit haben in Innsbruck ihren besonderen Charme. Märchenfiguren an den Hausfassaden und Christkindlmärkte verzaubern die Innsbrucker Bergweihnacht.

»Immer wieder ergeben sich spektakuläre Sichtachsen auf die Innsbruck umgebende Bergwelt. Die Bergriesen scheinen einen stets im Auge zu haben.«

Mehr Adrenalin geht kaum: Mit Volldampf durch den Eiskanal!

Mit einem Bungee-Jump oder Tandem-Fallschirmsprung erhält man auf Partys heutzutage kaum noch allzu große Bewunderung. Was einst als Heldentat gefeiert wurde, hat sich längst zum Massenvergnügen entwickelt. Doch es gibt immer noch ein paar nicht alltägliche Mutproben mit einem Hauch von Extravaganz: Eine davon ist die Höllenfahrt mit dem Rennbob durch den Eiskanal. In Innsbruck hat man dazu im Winter die exklusive Möglichkeit!

Bauchschmerzen bis kurz vor Start

Zugegeben: Der Autor dieser Zeilen hatte einen flauen Magen, als ihm vor Jahren ein Geschenkgutschein für eine Bobfahrt zum Geburtstag überreicht wurde. Selbst am Tag der Entscheidung vor Ort in Igls bestanden noch ernst zu nehmende Zweifel, ob das Abenteuer wirklich in Angriff genommen werden soll. Doch letztlich haben sich Neugier und ein alter Kindheitstraum gegen Feigheit und Angst durchgesetzt. Willy Michls Song „Wir sind die Männer mit einem harten Job, wir fahren mit dem Bob" begleitete den Autor schließlich seit den 1980er-Jahren auf fröhlichen Partys, auch bei Olympischen Winterspielen waren die wilden Kerle in ihren Rennmaschinen stets ein Faszinosum. Und so ging es mit einer kleinen Gruppe hinauf zum Startplatz.

Als Belohnung winkt ein Glücksgefühl!

Freundlich eingewiesen und mit Sturzhelm ausgestattet, wird der Bob in den Eiskanal geschoben. Zum Glück muss man weder lenken noch bremsen – dafür gibt es die Profis. Zwei Gäste sind dazwischen gut eingeklemmt. Eine solide Grundkonstitution sollte man schon mitbringen. Nachdem die erste halbe Minute noch recht gemütlich verläuft, wird die Fahrt nach und nach immer schneller und ruppiger. Die letzten 20 Sekunden sind dann ein echter Höllenritt: Mit über hundert Sachen rast der Bob durch das sogenannte Labyrinth und vertikal in eine Steilkurve. Nachdem das Gefährt dann unter Schneestaub und Getöse radikal herunter gebremst worden ist, taumelt man leicht benommen aus dem Eiskanal heraus. Kurz danach wandelt sich der Stress in ein Glücksgefühl – ein Feuerwerk körpereigener Drogen scheint da gerade freigesetzt worden zu sein. Den restlichen Tag kann man dann als „echter Bob-Held" in Innsbruck gemütlich ausklingen lassen.

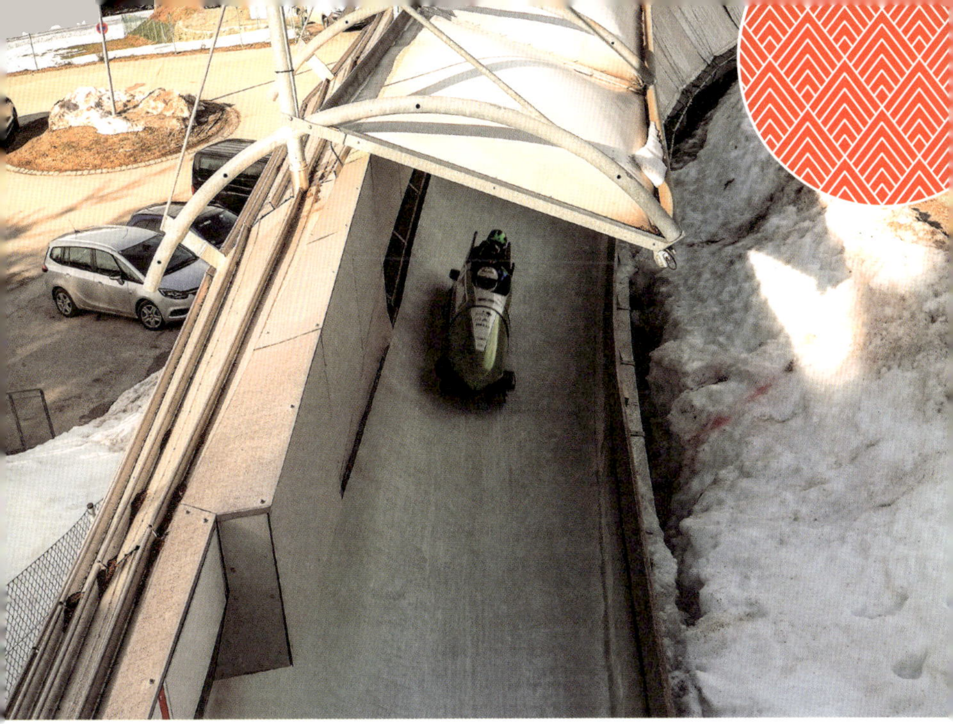

Wo?

Olympia Eiskanal, Heiligwasserwiese 1, 6080 Innsbruck/Igls

Wann?

Von Dezember bis März an ausgewählten Terminen online buchbar. Kontakt, Infos und Gutscheine: Tel. +43 512 33838221, https://shop.olympiaworld.at, Preis Rennbob: 119 € pro Person

Wichtiges

Rennbob ab 14 Jahre und einer Größe von 1,50 m. Wer es etwas gemütlicher mag, kann auch eine Bobrafting-Fahrt buchen (Preis: 45 €).

Glitzernde Märchenwelt aus Gletscherspalten und Eiszapfen.

Auf über 3000 Metern Höhe hat man am Hintertuxer Gletscher die einzigartige Chance, einen der letzten österreichischen Gletscher zu besuchen. Sogar eine Bootsfahrt auf einem unterirdischen See gehört zum Programm. Wieder im Freien angelangt, genießt man eine fantastische Fernsicht über den Alpenhauptkamm.

Zufällige Entdeckung erst 2007

Um auf den Gletscher zu gelangen, muss man von Hintertux (Zillertal) mit der Seilbahn zunächst einmal 1500 luftige Höhenmeter überwinden. Nachdem man sich an die dünne Luft hier oben gewöhnt hat, sind es nur wenige Schritte bis zur unscheinbar wirkenden Holzhütte, in der man Eintrittskarten für den Natureispalast erwerben kann. Zufällig entdeckt hat die magische Welt aus Gletscherspalten und Eiszapfen der Tiroler Roman Erler im Jahr 2007. Seither ist die Höhle zu seinem Lebenswerk geworden. Immer weiter arbeitete er sich in die unterirdische Welt, legte Stollen im Eis an und konnte immer neue märchenhafte Hohlräume ans Licht bringen.

Wesen aus Eis

Auch den natürlichen unterirdischen See hat er entdeckt – zwanzig Meter tief und dreißig Meter unterhalb der Skipiste des Hintertuxer Gletschers gelegen. Mittels Treppen, Leitern und Beleuchtungstechnik können rund 600 Meter der Eishöhle besichtigt werden. Eine hübsche Eiskapelle mit Kruzifix ist einer der ersten Hingucker auf dem Weg. Man geht weiter durch natürliche Gletscherspalten zu glitzernden Hohlräumen mit teils skurril verbogenen Eiszapfen. Mit etwas Einbildungsgabe entdeckt man gefrorene Gesichter, Tiere und Phantasiewesen. Ein fünfzig Meter tiefer Stollen dient Forschungszwecken. Auf dem See wird dann am Abschluss der Tour noch eine kleine Bootsfahrt unternommen. In Zeiten des Klimawandels hat man vielleicht nicht mehr lange die Möglichkeit, dem Innenleben eines Gletschers so nahezukommen.

Wo?

Durchs Zillertal bis Mayrhofen weiter nach Hintertux, Natur Eis Palast, Tel. +43 676 3070000, www.natureispalast.info, Anmeldung im Container unterhalb der Bergstation, Gletscherbus 3

Wann?

Basis-Touren stündlich 10.30–14.30 Uhr

Wichtiges

Der Weg bis zum Eingang führt über einen steilen Hang der Skipiste; in der Höhle geht es über Leitern und Stufen; festes Schuhwerk und Winterkleidung! Gastronomie/Toiletten nur im Bereich der Seilbahn-Mittelstationen.

Schwindelerregender Abgrund von einer sagenumwobenen Holzbrücke.

Der Bahnhof Mayrhofen ist die Endhaltestelle der nostalgischen Zillertalbahn, welche den Ort mit dem Inntal in Jenbach verbindet. Mayrhofen gilt aufgrund seiner Lage mit rund einer Million Übernachtungen als Epizentrum des Zillertal-Tourismus. Im Winter geht es hier dementsprechend hoch her. Der Sommer und Herbst sind da schon die gemütlicheren Jahreszeiten und laden zu schönen Wanderungen ein. Direkt von Mayrhofen aus führt ein hübscher kleiner Wanderweg zur vielleicht aufregendsten Brücke Österreichs: der uralten Teufelsbrücke.

Abwechslungsreicher Weg durch Tirol

Zunächst geht es vom Ortszentrum aus gemütlich am Ufer des quirligen Gebirgsflusses Ziller entlang. Man passiert mondäne Hotels ebenso wie authentische Tiroler Bergbauernhöfe und alte Scheunen. Über Almwiesen, vorbei an Kühen und Schafen, gelangt man schließlich zum Naturschutzgebiet Glocke. Ab hier wird es wildromantisch: Ein schmaler Pfad führt durch einen ursprünglichen Bergwald aus Buchen und Linden und entlang der Schlucht des Tuxbaches, welcher in Jahrmillionen eine schauderhaft tiefe Schlucht in den Fels gegraben hat. Schließlich erreicht man nach ca. anderthalb Stunden die Teufelsbrücke: eine archaisch wirkende, überdachte und aus dunklen Balken bestehende Holzkonstruktion, welche die Schlucht überspannt.

Teuflische Sage rund um listige Tiroler

Die denkmalgeschützte Brücke lässt sich gut von der benachbarten Straßenbrücke aus betrachten; sie selbst ist nur zu Fuß zu überqueren. Der Blick in die tosende Tiefe der Klamm ist schwindelerregend und nicht nur Feinfühlige spüren die Naturgewalten dieses „Höllenschlunds". Trotz des schützenden Kruzifixes im Giebel kann einem da schon etwas mulmig werden, nachdem man durch eine Infotafel über die lokale, spannende Sage informiert wurde: Ihr zufolge wurde die Brücke einst vom Leibhaftigen höchstpersönlich erbaut. Als Tribut verlangte der Teufel von der hiesigen Bevölkerung das erste Lebewesen, welches den Steg überqueren sollte. Die listigen Tiroler jagten einen alten Ziegenbock über die Brücke, woraufhin sich der Höllenfürst vor Wut an dessen Hörner krallte und mit Getöse in

Wo?

Teufelsbrücke bei 6292 Persal an der Tuxer Landstraße. Wanderung: Vom Bahnhof der Zillertalbahn in ca. 10 Minuten zum Fluss Ziller. Weiter über beschilderten Weg zur „Teufelsbrücke/Glocke".

Wann?

Besonders lohnenswert ist die Wanderung im goldenen Oktober, wenn sich das Laub des Bergwalds bunt färbt.

Wichtiges

Es gibt eine Busstation unweit der Teufelsbrücke, um zurück nach Mayrhofen zu gelangen.

Edles Mobiliar im prunkvollen Schloss erzählt von seiner Geschichte.

Auf dem Weg Richtung Brenner ist es sicher schon vielen Reisenden zwischen Kufstein und Innsbruck aufgefallen: jenes auf einer Anhöhe mitten im Wald thronende Schloss hoch über der Inntalautobahn. Wer sich davon angezogen fühlt, wird den Abstecher nicht bereuen. Im Inneren des Renaissance-Schlosses Tratzberg haben sich Jahrhunderte alte Wandmalereien und einzigartige Kostbarkeiten erhalten. Kunsthistorisch ist es vermutlich bedeutender als Märchenschlösser wie jenes in Neuschwanstein; stellt es doch ein perfektes Schaufenster vom Übergang des Mittelalters in die frühe Neuzeit dar.

Nobel-Mobiliar und ein Plumpsklo

Das ehemalige Jagdschloss Kaiser Maximilians I. brannte 1492 komplett aus und fiel an an die Silberbergwerksdynastie Tänzl. Diese hat dann nicht gekleckert, sondern geklotzt und das Schloss in eine Art Nobelvilla des 16. Jahrhunderts verwandelt. Edelste Materialien und kunstvoll gearbeitetes Mobiliar spiegeln die Handwerkskunst von vor ca. 500 Jahren wider. In der heutigen Zeit, wo Möbel die Haltbarkeit weniger Jahre haben, wenngleich immer von Nachhaltigkeit gesprochen wird, wäre man froh, es gäbe sie heute noch, diese Qualität! Sogar ein Plumpsklo kann man während der spannenden Führung durch die Säle besichtigen – revolutionär für die damalige Zeit. Die Fuggerstube, benannt nach der wohlhabenden Augsburger Familie, welche Tratzberg ebenfalls in Besitz hatte, ist original erhalten und im Prunkerker möchte man es sich am liebsten bei einer Tiroler Jause gemütlich machen – Blick auf das Inntal inklusive.

Farbenprächtiges Mittelalter

Ganz besonders sehenswert ist der Habsburgersaal mit 148 Darstellungen von Mitgliedern des Herrschergeschlechts in zeittypischer Mode und Haartracht um 1507. Ein sehr buntes, anmutiges und gar nicht dunkles Spätmittelalter präsentiert sich hier. Seit etlichen Generationen ist Schloss Tratzberg im Besitz der Familie der Grafen von Goëss-Enzenberg, welcher die aufwendige Instandhaltung und der Zugang für die Öffentlichkeit zu verdanken sind. Auch für Kinder ist die Führung spannend; im neuen Rittersaal und in der Ilsunghalle erschrecken jedoch auch Erwachsene, wenn die silberne Ritterrüstung sich plötzlich in Bewegung setzt und zu sprechen beginnt.

Wo?

Schloss Tratzberg, Tratzberg 1, 6200 Jenbach. Ausfahrt A12 Schwaz

Wann?

Geöffnet April bis Anfang November tgl. 10–16 Uhr. Führungen alle 20 Minuten. Infos zu Eintrittspreisen: www.schloss-tratzberg.at

Wichtiges

Die Wegstrecke vom Parkplatz zum Schloss kann man entweder zu Fuß absolvieren oder bequem mit der Bimmelbahn „Tratzberg-Express" (2 € pro Strecke). Für das leibliche Wohl sorgt der Schlosswirt.

Ein Dampfross und das Blut des Riesen am Tiroler Fjord.

Der Achensee wird hin und wieder als Tiroler Meer bezeichnet und von allen österreichischen Seen erinnert er wohl am ehesten an einen Fjord. Einer der Hauptorte ist Pertisau. Wenn man über die großen Hotelanlagen am Ufer hinwegsieht, hat der Ort durchaus einige ganz besondere Schätze zu bieten: unter anderem das legendäre Tiroler Steinöl und die einzige ausschließlich mit Dampf betriebene Zahnradbahn der Welt.

Die Seele des Sees spüren!

Um die Energie und Weite des Sees zu erfahren, sollte man ihn unbedingt auf dem Wasser erkunden – beispielsweise mittels der Ausflugsschiffe, die regelmäßig vom Hafen ablegen. Noch individueller ist es, sich in dem historischen Bootshaus ein Elektroboot auszuleihen, um den See auf eigene Faust zu erkunden. Bei Wellengang fühlt man sich ein wenig wie auf einem Loch in Schottland oder einem skandinavischen Fjord. Der See hat etwas Urwüchsiges und beim Aufziehen dunkler Wolken auch schnell mal etwas Unheimliches an sich – immerhin ist das kristallklare türkisfarbene Gewässer stolze 133 Meter tief.

Herber Geruch mit wundersamer Wirkung

Wieder zurück an Land lohnt sich ein Besuch beim Dorfwirt, einem urigen Wirtshaus mit Tiroler Hausmannskost. All jene, die an diesem oder jenem Zipperlein leiden und den Heilkräften der Natur vertrauen, wird es magisch zum Tiroler Steinöl und Vitalberg ziehen – durch seine Pyramidenform nicht zu übersehen. Hier werden Kosmetika und Salben aus Steinöl angeboten. Seit dem Mittelalter wird das Wundermittel geschätzt und der Sage nach soll es sich um das Blut eines Tiroler Riesen handeln. Der Autor dieser Zeilen kann aus eigener Erfahrung bezeugen, dass das Steinölbad im ersten Moment wie eine Ölwanne in einer Werkstatt riecht, die erholsame Wirkung auf den Körper aber für nasale Irritationen entschädigt. Einen Tag in Pertisau sollten Eisenbahnliebhaber unbedingt mit einer Fahrt mit der Achenseebahn verbinden. Von Jenbach im Inntal aus zischen und schnaufen die über hundert Jahre alten Lokomotiven herrlich bis zum Seeufer.

Wo?

6213 Pertisau. Startbahnhof der Achenseebahn am Bahnhof Jenbach, www.achenseebahn.at

Wichtiges

Es gibt spezielle Kombi-Tickets für Achenseebahn und Achenseeschifffahrt.

»Bei Wellengang fühlt man sich ein wenig wie auf einem Loch in Schottland oder einem skandinavischen Fjord.«

53 ACHENSEE, PERTISAU

Klein, aber oho! Altstadtzauber und Adventsglanz.

Zugegeben – gleich in mehrfacher Hinsicht ist Rattenberg ein ganz besonderer Ort: Mit nur rund 500 Einwohnern ist es eine der kleinsten Städte Österreichs und gleichzeitig aufgrund der intakten Altstadt einer der wichtigsten Touristen-Magnete Tirols. Von romantischer Winterbeleuchtung über eine Nationalheilige bis zu faszinierender Glaskunst gibt es alles in diesem kleinen Ort.

Tiroler Nationalheilige

Erst seit dem 15. Jahrhundert gehört das kleine Städtchen am Inn zum Haus Habsburg und damit zu Österreich; davor war es ebenso wie Kufstein und Kitzbühel bayerisch und erlangte seinen Reichtum als florierende Zollstation der damals bedeutsamen Innschifffahrt. Rattenberg besteht mehr oder weniger nur aus Altstadt und ist damit wie ein großes Freilichtmuseum. Als Besucher kann man eigentlich nicht verloren gehen und sich in aller Ruhe durch die Gassen mit ihren bunten Häuserfassaden und schmiedeeisernen Ladenschildern treiben lassen. Im Haus Südtirolerstraße/Ecke Klostergasse wurde um 1265 die heilige Notburga geboren. In Eben am Achensee führte sie ein gottesfürchtiges Leben und kümmerte sich um Arme und Kranke, vollbrachte etliche Wunder und gilt mit ihrem Werkzeug, der Sichel, als Tiroler Nationalheilige. In der sehenswerten Pfarrkirche wird sie in einer Kapelle verehrt.

Feuerschalen und Kerzenschein

Wer etwas mehr Zeit als ein bis zwei Stunden mitbringt, sollte den Schlossberg mit der Burgruine aus dem 13. Jahrhundert erklimmen, von dem aus man eine hervorragende Fernsicht ins Inntal hat. Einen ganz besonderen Reiz hat Rattenberg für Liebhaber der Vorweihnachtszeit. Im Winter dringt kaum noch Sonnenlicht in den Ort, dafür erleuchten im Advent Feuerstellen und Kerzen die Gassen und tauchen die Altstadt in ein magisch-warmes Licht. Elektrische Effekte und hektisches Treiben sind fehl am Platz, wenngleich auch Gäste aus Innsbruck und Bayern zum Rattenberger Advent pilgern. Wer im Laufe des Jahres ein Mitbringsel benötigt: Die Stadt Rattenberg ist auch berühmt für ihre Glasbläser-Tradition – etliche Läden bieten ihre gläsernen Erzeugnisse zum Kauf an.

Wo?

6240 Rattenberg. Anfahrt: Züge mit Halt in Rattenberg verkehren regelmäßig zwischen Innsbruck und Kufstein. PKW-Parkplatz am Stadtrand

Wann?

Infos Rattenberger Advent: https://www.tirol.at/reisefuehrer/veranstaltungen/events/e-rattenberger-advent
Öffnungszeiten Augustinermuseum: www.augustinermuseum.at

Wichtiges

Rattenberger Glaskunst mit Führungen: Kisslinger Kristall-Glas, Südtirolerstr. 24, www.kisslinger-kristall.com.
Für Geschichtsinteressierte lohnt ein Besuch des Augustinermuseums mit wertvollen sakralen Kunstwerken aus ganz Tirol.

150 Stufen Tiroler Spiritualität: Marienverehrung und ein Grab aus bunten Kugeln.

Die Wallfahrtskirche Mariastein ist eigentlich ein Wallfahrtsturm – über mehrere Stockwerke verteilen sich im Bergfried einer mittelalterlichen Burg unterschiedliche Kapellen und Zeugnisse Jahrhunderte alter Tiroler Volksfrömmigkeit.

Ein mechanischer Grabwächter

Schon äußerlich erzeugt der auf einer steilen Anhöhe über der Straße gelegene Turm bei vorbeikommenden Auto- oder Fahrradfahrern unwillkürlich einen Anflug von Respekt und Verblüffung – verbunden mit einer ordentlichen Portion Neugierde, was es mit diesem markanten Zeugnis aus alten Zeiten wohl auf sich haben mag. Was als kurzer Halt geplant ist, entwickelt sich meist zu einem längeren Aufenthalt. Denn Mariastein kann man nicht kurz besichtigen. Hier macht man sich auf eine Erkundungstour über 150 Stufen und entdeckt wahre Wunderkammern. Ins 16. Jahrhundert reichen die Ursprünge der Wallfahrt. Die einstige Schlosskapelle dient heute als Kerzenkapelle: der süße Wachsgeruch unzähliger Kerzen erfüllt den dunklen Raum. In der ehemaligen Rüstkammer ist ein sogenanntes Heiliges Grab zu bestaunen. Es besteht aus vielen bunten Kugeln und wird im Alpenraum normalerweise nur zwischen Karfreitag und Ostersonntag in Kirchen aufgebaut. Hier kann man es gegen eine kleine Münzspende ganzjährig in Bewegung setzen: Der Grabwächter beginnt hin und her zu laufen und feierliche Musik erklingt. Auf dem weiteren Weg nach oben erreicht man schließlich die Kreuzkapelle mit Herz-Jesu-Bildnis und einer Kopie des Prager Jesuleins sowie im obersten Stockwerk die eigentliche Wallfahrtskapelle mit dem Marien-Gnadenbild in einem Strahlenglanz.

Sterbebilder und Engelsköpfe

Auch einige weltliche Schätze sind hier zu bestaunen: In einer Vitrine sind mit Tiroler Erzherzogshut und Zepter die von Erzherzog Maximilian I. 1602 gestifteten Landesinsignien ausgestellt. Nicht nur deshalb genießt der Ort bei den Einheimischen ganz besondere Verehrung. Die Wände des Treppenhauses sind übersät mit unzähligen Sterbebildern von Angehörigen. Apropos Treppenhaus: Hier fällt auch die Masse an Engelsköpfen auf, die vor langer Zeit an die Decke gemalt wurden.

Wo?

6324 Mariastein 1

Wann?

Ganzjährig tgl. 8–18 Uhr geöffnet; kein Eintritt

Wichtiges

Auch wenn der Turm von Mariastein teilweise wie ein Museum anmuten mag, so ist er doch ein Ort tiefer religiöser Frömmigkeit, dem man als Besucher Respekt entgegenbringen sollte.

Wagner-Klänge am grünen Hügel, moderne Architektur und ein blauer Quelltopf.

Vor der Alpenkulisse des Inntals ragen in Erl zwei markante Kultur-Tempel in den Tiroler Himmel: Das weiß strahlende Passionsspielhaus aus den 1950er-Jahren ist ein architektonisches Paradebeispiel der Nachkriegsmoderne, das benachbarte schwarze Festspielhaus aus dem Jahr 2014 sein futuristischer Gegenpol. Fast wie Yin und Yang wirken die kontrastreichen Bauten und harmonieren dennoch miteinander und mit der sie umgebenden Berglandschaft.

Hervorragende Akustik

Jedes Jahr finden in Erl im Sommer und Winter die Tiroler Festspiele statt und ziehen ein internationales Publikum in den kleinen Ort. Insbesondere den Opern Richard Wagners hat man sich verschrieben und mit bodenständigen, teils hochgelobten Inszenierungen als echte Alternative zum weitaus teureren Bayreuth etabliert. Die großen Inszenierungen finden im Sommer im Passionsspielhaus statt, das bereits in den 1980er-Jahren vom Star-Dirigenten Sergiu Celibidache ob seiner fantastischen Akustik gelobt worden ist. Kleinere Veranstaltungen und die Winterfestspiele beherbergt das neue Festspielhaus. Nur alles sechs Jahre – das nächste Mal 2025 – finden seit dem frühen 17. Jahrhundert die Erler Passionsspiele statt. Die Tradition geht vermutlich auf ein Gelübde während der Pestzeit zurück. An den Aufführungen des Leidens und Sterbens Jesu ist das ganze Dorf beteiligt. Jung und Alt stecken fast ihre ganze Freizeit in das Spektakel.

Ein Wasserschatz neben dem Kulturschatz

Unweit der beiden Festspielhäuser versteckt sich hinter Bäumen die Blaue Quelle. Mit seinem klaren türkis-blauen Wasser ist der kleine Quellteich seit 1926 offiziell ältestes Naturdenkmal Tirols. Sagenhafte 700 bis 1000 Liter Wasser werden pro Sekunde aus der Tiefe gedrückt und machen das Naturjuwel zur größten Trinkwasserquelle Westeuropas. Man sieht metertief bis zum Grund. Vergeblich sucht man allerdings nach einer Wassernixe – denn auch der wäre das nur 7 bis 9 °C kalte Wasser vermutlich zu erfrischend. Den Forellen im Aquarium des Gasthofs Blaue Quelle scheint es zu behagen. Das feine Lokal serviert die Fische in verschiedenen Varianten.

Wo?

Festspielhaus: Mühlgraben 56, 6343 Erl. Autobahnausfahrt A93 Oberaudorf (Bayern)

Wann?

Sommer-Festspiele im Juli, Winter-Festspiele Dezember/Januar. Termine und Tickets unter: www.tiroler-festspiele.at. Passionsspiele 2025: www.passionsspiele.at

Wichtiges

Erl liegt direkt unterhalb des Berges Kranzhorn (siehe S. 58). Insofern lassen sich beide Soul Places gut kombinieren.

Verstecktes Naturjuwel. Mit der Nixe im türkisblauen Wasser schwimmen.

Unweit von Kufstein verbirgt sich ein kleiner Naturschatz, versteckt im bayerisch-tirolerischen Grenzgebiet. Der Hechtsee ist in mehrfacher Hinsicht ein großartiger Ort für eine Auszeit vom Alltag: Ob man nun zum Schwimmen, Spazieren gehen oder einfach zum Entspannen an den See kommt, die Ruhe und Idylle ist überall greifbar. Zudem umweht den See eine geheimnisvolle Magie.

Entlang des Wassers

Von Kufstein aus kann man den Hechtsee zwar per Auto erreichen, lohnenswerter ist jedoch ein kleiner Fußweg vom bayerischen Kiefersfelden aus. Beim Aufstieg über den Wasserfall strömt einem ein leichter Schwefelduft nach faulen Eiern in die Nasenlöcher. Er resultiert aus einem Wasseraustausch, bei dem nährstoffarmes Tiefenwasser aus dem See abgeleitet wird, um die Wasserqualität zu gewährleisten. Hinter dem kleinen Wehr an der Landesgrenze grüßen große Karpfen. Ein gut ausgebauter Rundweg führt um den See – inklusive herrlicher Ausblicke ins Kaisergebirge.

Namensgebende Nixe

Am südöstlichen Ufer befindet sich ein Freibad mit Restaurant und Parkplatz, ansonsten ist der See vom Verkehr unberührt. Es gibt etliche kleine Badestellen, um in das türkisblaue Wasser einzutauchen – für einen Alpensee erreicht das Gewässer im Sommer angenehme Temperaturen. Falls an den Zehenspitzen unter Wasser etwas vorbeistreifen sollte, muss es nicht zwangsläufig ein Fisch sein: Es könnte sich auch um die heimliche Herrscherin des Sees handeln. Der Sage nach verliebte sich einst die Nixe Hechta in einen jungen Jägersmann, mit dem sie romantische Stunden am Seeufer verbrachte. Da er verbotenerweise ihren Namen ausplauderte, wurde er in die Tiefe gerissen und fand am Grund des Sees sein kühles Grab. Auch ohne Nixe ist es am Ufer noch immer romantisch und mit einer vertrauten Person wohl auch ungefährlicher als einst.

Wo?

Anfahrt mit dem PKW oder Bus HECHT von Kufstein oder Fußweg von Parkplatz Kieferbach GPS N 47.61491, E 12.16448 (Thierseestraße), im bayerischen Kiefersfelden.

Wann?

Der schattige Rundweg eignet sich ideal im Hochsommer.

Wichtiges

Es lohnt sich, die Umrundung des Hechtsees mit einer Wanderung zur Einsiedlerklause am Thierberg zu kombinieren (Beschilderung am Westufer Richtung Längsee).

Markanter Genussberg mit zwei Gipfelkreuzen und einer Legende.

Das Kranzhorn ist einer der markantesten Berge im Inntal zwischen Rosenheim und Bayern. Zusammen mit seinem Gegenüber, dem dunklen Wildbarren, bildet es eine Art Pforte zwischen Bayern und Tirol. Und tatsächlich verläuft direkt über seinen Gipfel die Landesgrenze. Als einziger Berg in der Region besitzt das Kranzhorn zwei Gipfelkreuze. Es bietet eine herrliche Aussicht und hütet daneben auch noch einen Schatz.

Gemütlicher Wanderweg zur Hütte

1365 Meter hoch ist das Kranzhorn. Vom Inntal aus ist man schon gute zwei Stunden unterwegs bis zum Gipfel. Eine kürzere und wunderbar abwechslungsreiche Halbtagestour bietet sich vom Wanderparkplatz am Erlerberg aus an. Von hier aus hat man „nur" rund 500 Höhenmeter zu überwinden. Der gut beschilderte Weg führt zunächst durch den Wald an einem Bach entlang, ehe nach ca. 15 Minuten die ersten Hütten und Almen passiert werden. In mäßiger Steigung geht es über mehrere Serpentinen den Berg hinauf, vorbei an gemütlichen Kühen bis zur bewirtschafteten Kanzhorn-Alm. Von hier ist es nicht mehr weit bis zum Gipfel, der über einen kleinen Steig erreicht wird.

Der Schatz des Berges

Kurz vor dem Gipfel entdeckt man eine kleine Kapelle und eine etwas rätselhafte Vertiefung, die eventuell in grauer Vorzeit als Kultstätte gedient haben könnte. Auch eine Sage umweht das Kranzhorn. Angeblich beherbergt es in seinem Inneren einen Goldschatz und einstmals sollen hier sogenannte *Venedigermandl* (venezianische Kaufleute) zu großem Reichtum gekommen sein. Auch eine Almerin entdeckte der Sage nach in einer Grube einst seltsame Steine, von denen sie einige mit nach Hause nahm. In der Stube angekommen, holte sie diese hervor und siehe da, sie hatten sich zu Goldklumpen verwandelt.

Die letzten Meter bis zum Gipfel sollten nur trittsichere und schwindelfreie Wanderer bewältigen. Dort stehen die beiden Kreuze auf dem Thron hoch über dem Inntal, der Platz ist begrenzt und gleich hinter dem Gipfel tut sich eine schwindelerregende Steilwand auf. Der Blick auf das Alpenpanorama ist sowohl gen Bayern als auch Richtung Tirol fantastisch.

Wo?

6343 Erl. Anfahrt über Erlerberg bis Wanderparkplatz Kranzhornhütte (gebührenpflichtig)

Wann?

Kranzhornhütte (schöne Einkehr!) geöffnet von Ende April bis Anfang November. Ruhetage siehe Homepage: https://www.kranzhorn.at

Wichtiges

Achtung: Zum Parkplatz zweigt die Straße kurz vor dem letzten Stück scharf links ab. Danach teilweise nur einspurig befahrbar (Ausweich-Buchten benutzen)

Bergbauernhöfe und eine Urzeit-Höhle im Tiroler Traumtal.

Das Kaisertal bei Kufstein ist zwar weder komplett von der Außenwelt abgeschieden noch schwer erreichbar, hat sich aber dennoch als kleines alpines Idyll seinen ganz besonderen Charme erhalten und gilt zurecht als eines der hübschesten Täler Österreichs. Hier gibt es viel zu entdecken: Von uralten Bergbauernhöfen über eine spannende Höhle bis hin zum Ausblick in die Felsenwelt des Wilden Kaisers.

Kuhglocken, Kolkraben und Felstürme

Zwar existiert seit ein paar Jahren eine Tunnelstraße – die ist allerdings wenigen Fahrzeugen mit Sondergenehmigung vorbehalten, um zu den verstreuten Höfen mit ihren 36 Bewohnern vorzudringen. Alle anderen erreichen das Tal aber nur zu Fuß und in diesem Fall gilt: Vor der Kür kommt die Pflicht und das Tal will erobert werden! Vom Wanderparkplatz aus muss man zunächst einen steilen Anstieg über knapp 300 Stufen überwinden, ehe sich das Tal gen Osten in seiner ganzen Pracht öffnet und sich mit den ersten Almwiesen eine Parade-Landschaft auftut: Man passiert uralte Tiroler Bergbauernhöfe – etliche davon gastronomisch bewirtschaftet – und in der Ferne ragen die atemberaubenden Felswände des Wilden Kaisers in den blauen Himmel. Kuhglocken läuten und in den Lüften sieht man mit etwas Glück den anmutigen Flug wilder Kolkraben. „Otto Normalwanderer" sollten zumindest bis zur Antoniuskapelle spazieren; zusammen mit den Felswänden ein Fotomotiv par excellence!

Ein archäologischer Abstecher erster Güte

Wer auf dem Hin- oder Rückweg noch einen Abstecher in die Urgeschichte unternehmen will, folgt dem Wegweiser Richtung Sparchenbach hinunter zur Tischhofer Höhle. Sie ist eine archäologische Schatzkiste ersten Ranges – neben Knochen von Höhlenbären und Höhlenhyänen wurden auch Spuren menschlicher Besiedelung entdeckt, die zu den ältesten Fundstücken Tirols gehören. In der Festung Kufstein sind sie zu besichtigen. In die Grotte kann gefahrlos ca. 30 Meter hineingegangen werden. Erst dann gewinnt man ein Gefühl für den gewaltigen Raum und hat einen fantastischen Blick hinaus in die grüne Wildnis.

Wo?

Wanderparkplatz Kaisertal (gebührenpflichtig) zwischen Kufstein und Ebbs

Wann?

Ganzjährig. Die vielleicht schönsten Monate mit mildem Herbstlicht und bunten Blättern sind September und Oktober.

Wichtiges

Etliche beschilderte Wanderungen und Klettertouren vom Kaisertal aus möglich. Bis Antoniuskapelle und zurück ca. 2–3 Std. Fußweg

Kuhglocken und Murmeltiere: Im Tal der grünen Smaragde.

Eines der schönsten Täler des Nationalparks Hohe Tauern ist das Habachtal. Im Salzburger Pinzgau gelegen, hat sich das kleine Seitental südlich der Salzach seine ursprüngliche Naturbelassenheit bis heute erhalten können. Lediglich zu Fuß oder mit einem Shuttle-Bus kann man in das enge Gebirgstal vordringen. Doch die Mühen lohnen sich. Neben der herrlichen Gebirgskulisse hütet das Habachtal einen einzigartigen Schatz: wertvolle grüne Smaragde. Schatzsucher können sich selbst auf die Suche nach den Edelsteinen machen.

Selbst zum Edelstein-Jäger werden

Sieb und Spaten kann man sich beim Hotel Alpenrose ausleihen und in Nullkommanichts wird man in den Kiesbetten des Wildbachs selbst zum Smaragd-Jäger. Etwas Glück, Geduld und ein gutes Auge sind dabei allerdings vonnöten. Warum die wertvollen grünen Steine gerade hier im Habachtal zu finden sind – und das exklusiv in ganz Mitteleuropa – stellt Wissenschaftler noch immer vor ein Rätsel. Weit oben auf über 2000 Metern Höhe existiert bis heute ein Smaragd-Bergwerk, das noch immer von einer sogenannten Strahlerfamilie betrieben wird (Strahler ist der Name für Mineraliensammler). Wer selbst bei der Smaragd-Jagd kein Glück hat, kann die alpinen Edelsteine auch käuflich erwerben – beispielsweise im Mineralien- und Schmuckgeschäft Steiner (Steinach 12).

Tier- und Genussvielfalt auf der Alm

Neben mineralischen Schätzen gehören auch tierische Begegnungen zu den Highlights beim Besuch des Habachtals: Zu klassischen Almbewohnern wie Kühen und Schafen gesellt sich eine Kolonie von Murmeltieren, die gleich neben der Forststraße ihre Höhlen errichtet hat. Teilweise haben die possierlichen Tiere ihre Scheu gegenüber Menschen verloren. Fliegt jedoch ein Steinadler über das Tal, sind die Erdhörnchen blitzschnell vom Erdboden verschluckt – verbunden mit den charakteristischen Pfeif-Lauten. Eine der ursprünglichsten und ältesten Almen im Tal ist die Moa Alm aus dem 18. Jahrhundert. Hier gibt es zünftige Brotzeiten und saisonale Gerichte mit regionalen Zutaten des Tals – von Wild über Käse bis hin zur frischen Bergbauernmilch. Falls die Alm geschlossen sein sollte: Auch der Almgasthof Alpenrose sorgt für Speis und Trank; hier kann man auch übernachten.

Wo?

Ausgangspunkt für Wanderung (ca. 2,5 Std.) oder Busfahrt mit dem Smaragd-Express zum Almgasthof Alpenrose (www.alpenrose-habachtal.at): Parkplatz Habachtal (Habach 35), 5733 Bramberg am Wildkogel

Wann?

Smaragd-Express Mai–Mitte Okt., Abfahrtszeiten unter https://www.nationalpark-sommercard.at. Einfache Fahrt: 9,50 €, Anmeldung: Tel. +43 6566 7451.

Wichtiges

Aufgrund blitzartig auftretender Wetterwechsel, verbunden mit schweren Gewittern, ist insbesondere bei ausgedehnten Wanderungen stets Vorsicht geboten und der Wetterbericht im Auge zu behalten.

Mondän-morbide Hotel-Paläste und ein Wasserfall mitten im Ort.

Schon am Bahnhof von Bad Gastein merkt man, welcher Geist hier weht: „Seine K.u.K. Apostolische Majestät Kaiser Franz Joseph I. haben huldvollst geruht, die Bahnstrecke Schwarzach St. Veit – Badgastein am 20. September 1905 allerhöchstselbst feierlich zu eröffnen", steht auf einer Marmortafel. Der Ort ist mit seinen wunderschönen Hotels aus der Belle Époque und der exponierten Lage am Steilhang inklusive Wasserfall einzigartig. Vielleicht ist Bad Gastein sogar einer der spannendsten Plätze des Landes, wenn man diesen ganz speziellen nostalgisch-morbiden Charme liebt.

Ein Hotel wie aus einem Film

Gastein verdankt seinen Aufstieg zu einem der wichtigsten Kurorte des 19. Jahrhunderts heilkräftigen Thermalquellen, die schon den Römern bekannt waren. Sogar der Weg vom Bahnhof hinunter ins Zentrum ist beheizt. Immer wieder tun sich fantastische Ausblicke auf, unter anderem auf das markanteste Gebäude im Ort: das Grand Hotel de l'Europe aus dem Jahr 1909. Um den mächtigen Hotelbau vor dem Verfall zu schützen, wird es seit vielen Jahren wieder instand gesetzt. Dennoch könnte es noch immer als perfekter Drehort eines Historiendramas oder Gruselfilms dienen. Einige andere Hotels sind leider nicht mehr zu retten, wiederum andere, wie das geschichtsträchtige Hotel Straubinger, erstrahlen wieder in neuem Glanz. Letzteres liegt direkt am berühmtesten Wahrzeichen des Ortes: dem Wasserfall, der mitten durch das Zentrum rauscht und dessen Sprühnebel als negativ ionisierte Luft positive Wirkung auf den Organismus ausüben soll.

Historische Entdeckungen an jeder Ecke

Die „Lost Places" der Kaiserzeit umweht ebenso wie die denkmalgeschützten Betonruinen aus den 1970er-Jahren im Zentrum etwas Morbid-Unnahbares; an den Wänden etlicher Hotelruinen erinnern nur noch Tafeln an die teils berühmten Bewohner – unter ihnen die europäische Elite aus Politik, Wirtschaft und Geistesleben. Die Kaiser-Wilhelm-Promenade führt zum liebenswerten Café Schuh, dessen Einrichtung noch aus den 1950er-Jahren zu stammen scheint. Wer nach einer ausgiebigen Entdeckungstour Lust auf etwas Wellness hat: Die Felsentherme gleich gegenüber des Bahnhofs bietet neben etlichen Becken eine schöne Saunalandschaft und ein gutes Restaurant.

Wo?

5640 Bad Gastein. Züge auf der Strecke Salzburg–Villach halten regelmäßig im Ort.

Wann?

Zum entspannten Erkunden des Ortes eignet sich besonders gut die Zwischensaison – beispielsweise die Monate Oktober/November oder April/Mai.

Wichtiges

Schmerzgeplagte aus aller Welt schwören auf ihn: Der Radon-Heilstollen von Bad Gastein wirkt angeblich Wunder. https://www.gasteiner-heilstollen.com

61

BAD GASTEIN, MORBIDER CHARME

Alpen-Gigant: Eine Nacht und ein Morgen auf dem Dach Österreichs.

Österreich hat viele herrliche und majestätische Berge und es fällt schwer, im Rahmen dieses Buches die richtigen Gipfel zu präsentieren, ohne andere stolze Erhebungen zu vernachlässigen. Doch dann gibt es den einen oder anderen Berg mit dem ganz besonderen Alleinstellungsmerkmal: seien es Österreichs höchster Punkt, der Großglockner, das Kranzhorn im Inntal mit seinen zwei Gipfelkreuzen oder das Kitzbüheler Horn, dem man sogar mit dem Auto zu Leibe rücken kann. Der Hochkönig besitzt ebenfalls eine Eigenheit: Hier kann man im Matrashaus direkt auf dem Gipfel übernachten.

Abwechslungsreicher Aufstieg

Die 3000 Meter-Marke hat der Gigant der Berchtesgadener Alpen mit 2941 Metern zwar knapp verfehlt, dennoch bietet er absolut hochalpines Feeling. Ein Vorteil des Gipfels ist der relativ unkomplizierte Anstieg von Mühlbach aus. Erfahrene Bergsteiger-Kenntnisse und sehr gute Kondition vorausgesetzt, steht einer Genusstour nichts im Wege. Konditionsbestien schaffen sogar den Hin- und Rückweg an einem Tag; ihnen entgeht allerdings ein zünftiger Hüttenabend und einmaliger Sonnenuntergang mit Fernsicht in alle vier Himmelsrichtungen – zum Watzmann, in die Tauern und über den noch verbliebenen Rest des sagenumwobenen Gletschers „Übergossene Alm". Der Sage nach gab es hier einstmals fruchtbare Wiesen und Almen. Den Sennerinnen ging es so gut, dass sie einen dekadenten Lebensstil pflegten – inklusive rauschender Feste und der Verschwendung von Lebensmitteln. Als sie einem alten Mann das Obdach verwehrten, erfolgte ein bombastisches Gewitter samt Flut, welche die Almen sofort unter ewigem Eis begrub.

Sonnenaufgang der Extraklasse

Ein noch spektakuläreres Ereignis präsentiert sich dann Frühaufstehern: In zartrosa Licht erstrahlt die majestätische Bergwelt bei Sonnenaufgang – Fotografen und Romantiker dürfen sich dieses Erlebnis nicht entgehen lassen. Nach einer Nacht im Matratzenlager und einem Frühstück geht es dann wieder Richtung Tal. Der Weg ist abwechslungsreich, führt über die Reste von Schneefeldern und vorbei an markanten Felsformationen.

Wo?

Aufstieg von 5505 Mühlbach am Hochkönig, Parkplatz Arthurhaus, einfache Gehzeit zum Matrashaus (Gipfel): 4–6 Std., 1700 Höhenmeter!

Wann?

Matrashaus geöffnet Mai–September, www.matrashaus.at

Wichtiges

Übernachtung rechtzeitig buchen! Nur für Geübte. Nicht zu empfehlen bei Höhenkrankheit

Keltenerbe, Schaubergwerk und der Zauber der Stillen Nacht.

Lange Zeit fristete Hallein sein Dasein ein wenig im Schatten der großen Schwester Salzburg. Doch längst gilt die ehemalige Salinen- und Arbeiterstadt an der Salzach als echter Tipp. Hallein bietet alles für einen abwechslungsreichen Tag: Man kann tief in die keltische Ur-Geschichte vordringen, durch enge Gassen *strawanzen*. Daneben ist die Stadt ein Muss für alle, die das berühmteste Weihnachtslied der Welt lieben!

Hübsche Läden, kulinarische Schmankerl

Die kompakte Altstadt von Hallein ist großteils Fußgängerzone und lässt sich problemlos zu Fuß erkunden. Die alten Häuser stammen teilweise noch aus dem 15. und 16. Jahrhundert. Typisch sind christliche und weltliche Sinnsprüche in großen Lettern unterhalb der Dächer. Zwischen Salzachbrücke und Unterem Markt warten nette kleine Geschäfte darauf, entdeckt zu werden. Auch kulinarisch hat die Altstadt ein paar echte Highlights zu bieten: Naschkatzen müssen unbedingt der alteingesessenen Konditorei Braun einen Besuch abstatten. Deren selbst gemachte Pralinen und Kuchenkreationen zergehen auf der Zunge.

Zwei ganz besondere Museen

Von der Pfarrgasse aus lohnt es sich, durch die kleine verwinkelte Badgasse zur Augustinergasse hinabzusteigen. In dieser versteckten Ecke scheint die Zeit stehen geblieben zu sein. Gegenüber der Pfarrkirche im hintersten Teil der Altstadt liegen Grab und Museum zu Ehren Franz-Xaver Grubers, des wohl berühmtesten Bewohners der Stadt. Gemeinsam mit Joseph Mohr erschuf er das Weihnachtslied „Stille Nacht, Heilige Nacht". Natürlich dreht sich in Hallein auch alles um's Thema Salz. Bereits am Altstadteingang begrüßt das neue, innovativ gestaltete Hotel „the salt townhouse" die Besucher. Unweit lag auf der Salzach-Insel die alte Saline. Wer tiefer in die jahrtausendealte Bergbaugeschichte eindringen möchte, kann die ein paar Kilometer außerhalb Halleins liegenden Salzwelten in Bad Dürrnberg besuchen. Bereits die Kelten förderten dereinst das weiße Gold aus dem Berg und haben in der Region etliche Spuren hinterlassen. Faszinierende Artefakte wie die kunstvoll verzierte Dürrnberger Schnabelkanne kann man im Keltenmuseum von Hallein bewundern.

Wo?

5400 Hallein. Konditorei Braun: Unterer Markt 8; Keltenmuseum: Pflegerplatz 5, www.keltenmuseum.at; Salzwelten: Ramsaustraße 3, 5422 Bad Dürrnberg, www.salzwelten.at; Stille Nacht Museum: Gruberplatz 1

Wann?

Keltenmuseum: geöffnet tägl. 9–17 Uhr. Stille Nacht Museum: geöffnet tägl. 9–17 Uhr. Kombi-Ticket für beide Museen.

Wichtiges

Kulinarischer Tipp: In einem versteckten Winkel der Altstadt hat sich mit der Genusskrämerei ein Restaurant etabliert, das einheimische Produkte zu wahren Kunstwerken verwandelt: Gollingertorgasse 1, www.genusskraemerei.at.

Schlehenbrand, Vogelbeere oder doch lieber Williams Birne?

Das Familienunternehmen Guglhof in Hallein versteht es in Perfektion, den Geist und das Aroma ausgewählter Früchte des Landes in Flaschen zu konservieren. Neben Jahrgangsbränden gibt es auch besonderen Gin, edlen Whisky und andere hochprozentige Delikatessen. Der schöne Hof lohnt einen Besuch – man kann auch an den Geistern schnüffeln und sie verkosten.

Von der Schlehe bis zum Alpen-Gin

Häufig begrüßt Juniorchef Christoph Vogl seine Gäste persönlich. Er liefert Wissenswertes zum Vorgang des Brennens und auf was es bei Lagerung und Geschmacksnote ankommt. Hier wird nur absolute Qualität hergestellt – gezuckerte oder aromatisierte Schnäpse wird man nicht finden. Guglhof-Flaschen haben natürlich ihren Preis, aber es steckt auch viel Arbeit in der Produktion. So benötigt man zur Herstellung eines Liters Schlehenbrand eine ganze Masse an Früchten – und die wollen erst einmal von den stacheligen Bäumen geerntet werden. Auch die Vogelbeere zählt zu den besonders exklusiven Destillaten, für welche Liebhaber aus ganz Europa extra einen Zwischenstopp in Hallein einlegen. Natürlich gibt es auch Klassiker wie Williams Birne oder Marille – letztere ausschließlich aus Früchten der Wachau gebrannt. Wer es etwas lieblicher mag: Der Aperitivo auf Wermut- und Ginbasis lässt sich perfekt mit Tonic oder Schaumwein mixen.

Jahrhunderte alter Hof

Der Guglhof existiert bereits seit dem Jahre 1641. Trotz seiner Jahrhunderte auf dem Buckel ist er alles andere als in die Jahre gekommen: In seiner herausgeputzten Anmut und Würde wirkt das ganze Areal wie ein Musterbeispiel dafür, wie man alte Gemäuer sorgfältig für die Gegenwart konservieren kann. Sowohl der Verkaufsraum wie das Whiskylager mit seinen edlen Holzfässern sind eine Visitenkarte für den sorgfältig geführten Familienbetrieb. Alte Brennerei-Traditionen und neue Ideen schließen sich hier nicht aus. Als Gast fühlt man sich auch nicht dazu gedrängt, die eine oder andere kostbare Flasche zu erwerben. Doch kaum jemand wird den Guglhof verlassen, ohne Beute gemacht zu haben. Nur eines sollte man nach dem Verlassen beherzigen: Im Zweifelsfall lieber nicht mehr mit dem Auto fahren!

Wo?

Brennerei Guglhof, Davisstraße 13A, 5400 Hallein. Vom Bahnhof ca. 10 Minuten Fußweg

Wann?

Geöffnet: Mo–Fr 8–12 Uhr und 13.30–18 Uhr. Sa 8–12 Uhr. Infos: www.guglhof.at

Wichtiges

Ein Besuch der Schnapsbrennerei lässt sich ideal mit einem Bummel durch die Altstadt von Hallein am gegenüberliegenden Salzach-Ufer kombinieren (s. SP 63).

Von verschwundenen Hochzeitsgesellschaften und einem Endzeit-Kaiser.

Groß, mächtig und unübersehbar steht dieser gewaltige Riegel zwischen Salzburg und dem Rupertiwinkel und bildet gleichzeitig auf seinem Gipfelkamm die Grenze zwischen Salzburg und Bayern: der magische Untersberg! Kaum ein anderer Berg im deutschsprachigen Raum ist dermaßen sagenumwoben und steht sogar in Verbindung zum Weltuntergang.

Der Kaiser und seine Raben

Der Sage nach soll im Inneren des Berges Kaiser Barbarossa schlafen, dessen Bart um einen Marmortisch wächst. Nur selten wacht er auf und fragt dann sein ihm zu Diensten stehendes Zwergenvolk: „Fliegen die Raben noch über den Gipfel?" Bekommt er zur Antwort: „Ja, sie fliegen noch", reagiert der Kaiser stets mit den Worten: „Dann ist's noch nicht Zeit für mich!" Sollten die Raben aber irgendwann die Gipfelregion verlassen, wird Barbarossa angeblich selbst mit seinem Heer aus dem Berg ziehen und auf dem Walserfeld bei Salzburg die letzte Schlacht der Menschheit schlagen. Doch damit nicht genug! Der Untersberg steht auch seit Jahrhunderten in Verdacht, eine gewaltige Zeitschleuse zu sein. Immer wieder geisterten Berichte über Wanderer durch die Lande, die der Berg verschluckt habe und welche oft Jahre später wieder plötzlich aufgetaucht seien. Sogar eine ganze Hochzeitsgesellschaft soll einmal komplett verschwunden sein.

Die Unterwelt beflügelt die Fantasie

Für Schamanen und Esoteriker gilt der Untersberg längst als spirituelles Zentrum Europas – so etwas soll übrigens auch der Dalai Lama bei einem Besuch in Salzburg angedeutet haben. Ein irdischer Grund für die Faszination des Untersbergs ist sicher seine geologische Konsistenz, die einem Schweizer Emmentaler gleicht. Der Bergstock beinhaltet ein gewaltiges Höhlensystem. Manch gewaltiger Höhlendom ist ganz nah an der Oberfläche, andere Labyrinthe reichen Kilometer tief in die Unterwelt. Trotz seiner Superlative ist der Untersberg letztlich aber in erster Linie ein beliebtes Alpenmassiv für Wanderer, Kletterer, Gleitschirmflieger & Co. – von der Genusswanderung bis zur Höhlenkletterei ist alles möglich. Auch mit der Seilbahn ist er erreichbar.

Wo?

Der Untersberg erstreckt sich zwischen Berchtesgaden im Süden und Salzburg im Nordosten. Die Untersbergbahn (Seilbahn) verbindet St. Leonhard (5083 Grödig) mit dem Gipfel des „Salzburger Hochthrons" Infos: https://www.untersbergbahn.at

Wann?

Wanderungen bieten sich in der warmen Jahreszeit an. Zwischen November und April ist der Untersberg oft schneebedeckt.

Wichtiges

Der Berg wird oft von Touristen unterschätzt, weshalb es regelmäßig zu Rettungseinsätzen und Unglücksfällen kommt. Auf Klettersteigen besteht Steinschlaggefahr. Die Schellenberger Eishöhle ist einen Abstecher wert: www.eishoehle.net

»Kaum ein anderer Berg im deutschsprachigen Raum ist dermaßen sagenumwoben und steht sogar in Verbindung zum Weltuntergang.«

65 UNTERSBERG, SAGEN UND LEGENDEN

Berühmt wie die Mozartkugel: kultureller Leckerbissen.

Zugegeben: Mozartkugel und Jedermann lassen sich eigentlich nicht vergleichen und doch gibt es Parallelen: Beide sind Unikate, die so nur in Salzburg existieren, beide können einem den Alltag versüßen und beide belasten den Geldbeutel – die Kugel als kulinarischer, der Jedermann als kultureller Luxus und Leckerbissen. Die originalen Mozartkugeln stellt übrigens die Konditorei Fürst her und man sollte sie unbedingt einmal probiert haben. Doch nun zur Kulturpraline der Mozartstadt!

Sonnenhüte und sommerliches Flirren

Vermutlich ist es gar nicht unbedingt Hugo von Hofmannsthals Theaterstück selbst, das seit über 100 Jahren nichts an seiner Anziehungskraft verloren hat, dass Salzburg während der Festspiele so ein Besuchermagnet ist. Vielmehr liegt das an dieser ganz besonderen Atmosphäre, die Jahr für Jahr zu dieser Zeit am Domplatz herrscht. Kurz vor den Aufführungen flirrt eine fast ausgelassene Volksfeststimmung über den Domplatz und die Freilufttribüne verwandelt sich in ein Meer aus edlen Sonnenhüten, ehe die letzten Zuschauer – gleich einer Herde – mittels Glocken freundlich, aber bestimmt auf ihre Plätze getrieben werden.

Buhlschaften kommen und gehen, das Jedermann-Ritual bleibt bestehen

Schon Monate vor den Festspielen wird – von den Medien befeuert – mit Spannung entgegengefiebert, wer die Rolle des neuen Jedermann und wer die der weiblichen Buhlschaft spielt. In Österreich bedeuten die beiden Rollen, den Olymp der Theaterwelt erklommen zu haben und kaum jemand hat bis jetzt abgesagt. 2023 war das Salzburger Kultstück wieder einmal in aller Munde: Regisseur und Ensemble wurden nach der Spielzeit komplett ausgetauscht und der Jedermann für 2024 quasi rundum erneuert. Letztlich ist es aber egal, ob die Inszenierung rund um den reichen Mann, um Sünde, Tod, Glaube und Erlösung nun gelungen oder in die Hose gegangen ist. Es geht um das liebgewonnene Ritual, um die magischen Jedermann-Rufe aus den vier Himmelsrichtungen und um das Motto: Dabei sein ist alles!

Wo?

Am Domplatz, bei Schlechtwetter im Festspielhaus

Wann?

Etliche Aufführungstermine während der Salzburger Festspiele im Juli und August, www.salzburgerfestspiele.at

Wichtiges

Wer etwas auf sich hält, besucht den Jedermann in edler Tracht. Klassische Theatergarderobe tut es aber auch. Sonnencreme nicht vergessen!

Kraftort im Herzen Salzburgs: ein Friedhof und seine Katakomben.

Wenn sich in Salzburg Touristen durch die Getreidegasse drängen oder in Massen die Festung stürmen – und das tun sie fast das ganze Jahr – bietet die Altstadt einen Fluchtort, an dem Kommerz und Hektik abzuprallen scheinen: Der Salzburger Petersfriedhof ist nicht nur einer der schönsten Friedhöfe Österreichs, er ist auch ein positiver Kraftplatz und gleichzeitig ein Fenster in die Urgeschichte der Mozartstadt. Gleichwohl man eine Stätte der Toten betritt, herrscht auf dem Areal eine positive, fast liebenswerte Schwingung.

Schmiedeeiserne Kreuze im Schatten des Mönchsbergs

Wer in Salzburg Rang und Namen hat, besitzt ein Grab auf dem kleinen Gottesacker. Dennoch sind die Gräber keineswegs protzig. Es dominieren individuell gestaltete Werke der Schmiedekunst, bemalt mit christlichen Motiven. Man entdeckt stille Winkel zwischen Hecken und bemoosten Kapellmauern; Vögel zwitschern munter vor sich hin. Nahe der Felswand befindet sich ein ganz besonderes Grabdenkmal: In der Kommunegruft ruhen Wolfgang Amadeus Mozarts Schwester Nannerl sowie Komponist Johann Michael Haydn und hier liegt auch der Eingang zu den sogenannten Katakomben.

Felskapellen mit Geheimnissen

Gegen einen kleinen Obolus gelangt man über eine steile Treppe zunächst zur Gertraudenkapelle (1178) mit Fragmenten mittelalterlicher Fresken. Noch weiter nach oben vordringend, wird es dann richtig archaisch: Die in den Fels gehauene Maximuskapelle erinnert fast an antike Stätten des Mittelmeerraums und eine lateinische Tafel berichtet von Urchristen, die hier im 5. Jahrhundert den Märtyrertod gefunden haben sollen. Wie weit die Wurzeln dieser in den Fels gehauenen, späteren Einsiedelei tatsächlich reichen, ist bis heute nicht genau erforscht. Aber vielleicht macht gerade dieses Salzburger Rätsel den besonderen Reiz des Ortes aus.

Wo?

Sankt-Peter-Bezirk 1, 5020 Salzburg. In unmittelbarer Nähe des Domplatzes am Fuße des Mönchsbergs gelegen

Wann?

Friedhof tägl. 6.30–18 Uhr (Apr.–Sept. bis 20 Uhr). Katakomben: tägl. 10–12.30 Uhr und 13–17 Uhr, Mai–Sept. bis 18 Uhr. Eintritt: 2 €

Wichtiges

Die benachbarte Stiftsbäckerei St. Peter (Kapitelplatz 8) ist Salzburgs älteste Bäckerei und bietet das Original St. Peter Holzofenbrot.

Kastanien-Idylle: Der vielleicht schönste bayerische Biergarten liegt in Salzburg.

Zugegeben: Die Überschrift klingt etwas ketzerisch, zumal der Autor dieser Zeilen selbst lange in München gelebt hat und mit der Münchner Biergartenkultur vertraut ist. Doch der Augustiner-Biergarten in Salzburg-Mülln hat tatsächlich alles, was ein weiß-blauer Biergarten haben muss: altehrwürdige Kloster-Tradition, einen schattigen Kastaniengarten, typisch bayerisch-österreichische Schmankerl und ein hervorragendes Bier.

Größte Biergaststätte Österreichs

Nebenbei: Das Salzburger Augustiner ist nicht mit dem gleichnamigen Münchner Gerstensaft zu verwechseln! Manch kritische Stimme wird jetzt einwenden, dass mit den oben genannten Eigenschaften noch lange kein bayerisches Biergartengefühl garantiert ist – dazu braucht es schließlich auch bayerische Gäste. Belauscht man ein wenig die Gespräche an den Biertischen, so fällt aber schnell auf, dass viele Bayern den kurzen Weg über die Grenze in Kauf genommen haben, um laue Sommerabende an der Salzach zu verbringen. Man hört sogar mehr *Boarisch* als in so manchem Münchener Biertempel.

Hier wird die Selbstbedienung zum Erlebnis

In der Schmankerl-Gasse sind etliche Stände untergebracht, die alles bieten, was Leib und Seele begehren: Von der frischen *Brezn* über *Brathendl* und gegrillten *Steckerlfisch* bis hin zu süßen Sünden. Auch das Bier für den Garten wird selbst besorgt. Fast wie ein Ritual erscheint der Pilgerweg hin zur frischen Mass oder Halbe: Zuerst besorgt man sich einen Bon an der Kasse, danach holt man sich einen frischen Steinkrug, der der an einem Marmorbrunnen mit Wasser gekühlt werden kann; schließlich geht es in den Schankraum, wo gestandene Schankkellner den Gerstensaft aus Holzfässern ausschenken. Dazu braucht man sich nur noch ein lauschiges Platzerl unter den Kastanien sichern und die salzburgische Bierseligkeit ist komplett. Auch im Herbst und Winter hat der Augustiner geöffnet – besitzt er doch neben dem Biergarten im Bräustübl etliche wunderschöne historische Säle. Eine Warnung sei jedoch mit auf den Weg gegeben: Das Augustiner ist wirklich süffig und so mancher Zecher ist schon versumpft – hier in der grünen Schmankerl-Oase mitten in Salzburg!

Wo?

Augustiner Bräu Kloster Mülln, Lindhofstraße 7, 5020 Salzburg, www.augustinerbier.at, nur Barzahlung!

Wann?

Geöffnet: Mo–Fr 15–23 Uhr, Sa, So, Feiertag 14.30–23 Uhr. Geschlossen: 24., 25. und 31. Dez. sowie 1. Januar

Wichtiges

Vor dem leiblichen Wohl etwas Seelenheil gefällig: Auch die benachbarte Wallfahrtskirche Maria Himmelfahrt in Mülln ist sehenswert. Bierkisten und Fässer zum Mitnehmen: Rampenverkauf Mo–Fr 7–22 Uhr, Sa, So und Feiertag 14–22 Uhr.

Ein beliebtes Idyll ganz für sich alleine. Salz, Knochen und Schädel.

Hallstatt ist ein Ort voller Magie, der sich seit vielen Jahrhunderten wie ein kleines Vogelnest terrassenförmig an das steile Ufer des glasklaren Hallstätter Sees klammert – im Hintergrund die Ausläufer des majestätischen Dachsteinmassivs. Mehr Parade-Österreich geht nicht! Doch hier kommt das große Aber: Wenn Hallstatt nur nicht so sehr vom Massentourismus heimgesucht würde! Tausende Touristen überrennen die 700-Seelengemeinde täglich. Ganz in der früh oder abends – insbesondere in der Nebensaison – hat man aber noch immer die Chance, den Charme des Ortes und seine Geheimnisse in aller Ruhe zu inhalieren.

Namensgeber der Archäologie

Inhalieren ist in diesem Fall kein schlecht gewähltes Wort. Denn wie der Asthmatiker die Luft eines heilsamen Salzstollens einatmet, so inhaliert der Kulturliebhaber die Schätze dieses Ortes, der seine Existenz dem Salz verdankt. Die Salzvorkommen waren schon den Menschen der Steinzeit bekannt, weshalb archäologische Funde den Begriff Hallstattkultur prägten. Einer der ältesten und faszinierendsten Plätze des Ortes ist die hoch über dem Ufer und den Dächern gelegene Pfarrkirche Maria am Berg mit zugehörigem Friedhof. Auf die höheren Etagen des Ortes führen kleine öffentliche Treppenwege, die auf den ersten Blick wie Privatwege wirken. Nur sollte man aufpassen, nicht wirklich in Privatwegen und -gärten herumzulaufen.

Kunstvoll bemalte Schädel

Spannend ist neben dem romanischen Durchgang an der Felswand besonders das Beinhaus, welches man gegen einen kleinen Obolus besichtigen kann. Hier werden seit Jahrhunderten Knochen und Schädel aufeinander geschichtet und kunstvoll bemalt – nichts für schwache Nerven, aber einzigartiges Zeugnis alpenländischer Volkskultur. Der Friedhof mit seinen hübschen Holzkreuzen lädt zum Verweilen ein. Im Gegensatz zum überlaufenen Foto-Aussichtspunkt etwas unterhalb ist er der wahre Kraftplatz des Ortes mit seinem herrlichen Blick über den See. Allzu groß ist der Ort nicht und in ein bis zwei Stunden hat man die schönsten Ecken entdeckt. Um die Traumlandschaft länger zu genießen, bieten sich hübsche Wandertouren an.

Wo?

4830 Hallstatt. Parkplätze außerhalb des Ortes. Züge verkehren regelmäßig von Bad Ischl; regelmäßige Schiffsverbindungen. Pfarrkirche Maria am Berg: Kirchweg 40

Wann?

In der Nebensaison vor Ostern oder ab Oktober und möglichst früh am Vormittag, um dem Massenansturm zu entgehen!

Wichtiges

Von Hallstatt aus führen unterschiedliche Wanderungen zu sehr schönen Plätzen, unter anderem zum Wasserfall. Empfehlenswert auch der Panoramaweg Marienruhe.
Infos: www.hallstatt.net

Idyllische Villa mit Weltgeschichte – des Kaiserpaares zweite Heimat.

Insgesamt 82 Sommer verbrachte Österreichs vorletzter Kaiser Franz Joseph in Bad Ischl. Grund genug, diesem Platz und seinem besonderen Zauber ein Kapitel zu widmen – die kaiserliche Familie wusste schließlich, wo man es aushalten konnte. Im Herzen des Salzkammerguts gelegen und von Bergen umringt, ist Bad Ischl ein anmutiges Fleckchen Erde. Die prächtige Kaiservilla wird als Privateigentum eines Zweiges der Familie Habsburg bis heute gepflegt und der Öffentlichkeit zugänglich gemacht. 2024 ist Bad Ischl sogar europäische Kulturhauptstadt.

Franz Joseph und Elisabeth ganz privat

Für den Kaiser war Bad Ischl der ideale Ort, um seiner Jagdleidenschaft nachzugehen. Fein säuberlich wurden alle Jagdtrophäen beschriftet und an den Wänden der Kaiservilla angebracht, wo man sie noch heute bewundern kann. Doch allein deswegen muss man den Sommerwohnsitz von Franz Joseph und seiner geliebten Gemahlin Elisabeth (Sisi) nicht unbedingt besichtigen. Es gibt noch weit gewichtigere Gründe: Ein wahres Idyll ist der Park mit dem Marmorschlössl, welches der Kaiserin als privater Rückzugsort diente. In der Villa selbst kommt man dem kaiserlichen Privatleben viel näher als im Wiener Schloss Schönbrunn: In seinem Originalzustand ist etwa der Lieblingssessel des Kaisers erhalten. Bei den Führungen ist auch der Schreibtisch im Arbeitszimmer ein gewichtiges Thema. Hier unterzeichnete der Kaiser 1914 das Manifest „An meine Völker", womit die Kriegserklärung an Serbien und in weiterer Folge der Erste Weltkrieg einhergingen. Tragische Weltgeschichte und alpine Habsburg-Idylle liegen in Ischl ganz nahe beieinander.

Flanieren auf der Esplanade

Nach einer Audienz beim Kaiser Lust darauf, sich leiblichen Genüssen hinzugeben? Dann nichts wie hinunter zur Esplanade, wo fröhlich und klar der rauschende Gebirgsfluss Traun entlang fließt. Hier flanierten einst die Herrschaften und noch heute kann man es sich gut gehen lassen: Beispielsweise im traditionsreichen Kaffeehaus Zauner, wo die Zeit stehen geblieben zu sein scheint. Und zum Abschluss des Tages noch ein wenig Wellness im Eurothermen Resort. Die warme Salzsole ist Balsam für müde Glieder.

Wo?

4820 Bad Ischl. Züge verkehren regelmäßig von Linz und Attnang-Puchheim. Der Bahnhof ist zentral gelegen.

Wann?

Kaiservilla ganzjährig zu besichtigen. Saisonale Öffnungszeiten unter: www.kaiservilla.at.
Infos zum Eurothermen Resort: www.eurothermen.at/bad-ischl

Wichtiges

Grand Café-Restaurant Zauner: Hasnerallee 2, www.zauner.at; in Bad Ischl gibt es auch ein einfaches und gemütliches Lokal mit Hausmannskost zu fairen Preisen: Gasthaus zur Salzmühle, Esplanade 16.

Wo Herr Schimek die Gäste begrüßte. Romantisches Schloss im See.

Einige werden sich noch an die deutsch-österreichische Fernsehserie „Schlosshotel Orth" erinnern – eine jener Serien, die keiner gesehen haben will und doch Millionen gesehen haben. Sie war ein echter TV-Straßenfeger und versprühte zwischen 1996 und 2004 harmonische Behaglichkeit, Liebesgeschichten und einen Hauch alpine Sommerfrische. Schnell wurden Hotelbesitzer Wenzel Hofer (Klaus Wildbolz), seine hübsche Tochter Fanny (Nicole Beutler) sowie Portier Josef Schimek (Hans Kraemmer) – guter Geist und stoische Autorität des Hotels – zu lieb gewonnenen Wohnzimmergästen zwischen Flensburg und Wiener Neustadt. Seichte Unterhaltung – aber erfolgreich und beliebt!

Wie eine Gralsburg im Traunsee

Für die kleine Stadt Gmunden war die Serie Fluch und Segen zugleich. Massen von Touristen belagerten damals das Ufer des Traunsees. Spöttische Zungen sprachen gar schon vom „Albtraumhotel Orth", aber die Kassen von Gastronomen und Zimmervermietern klingelten. Mittlerweile hat sich die Situation wieder etwas beruhigt. Zwar gehören Gmunden und der Traunsee noch immer zu den attraktivsten Destinationen Oberösterreichs – wer aber nicht gerade in der Hauptsaison anreist oder früh aufsteht, kann Schloss Ort mit etwas Glück sogar in fast märchenhafter Einsamkeit erkunden. Schon der Blick vom Seeufer ist fantastisch: Wie eine kleine Gralsburg liegt das Schloss auf der winzigen Insel im Traunsee, der bei herbstlich-winterlichen Wetterverhältnissen durchaus als schottisches Loch oder skandinavischer Fjord durchgehen würde. Mit 191 Metern ist er der tiefste See Österreichs. Über eine Holzbrücke ist das Seeschloss Ort mit dem Ufer verbunden.

Top Kulisse für das Ja-Wort

Ein Spaziergang über die Brücke lohnt sich: Schließlich ist das Seeschloss das älteste erhaltene Bauwerk Gmundens und wurde bereits im 10. Jahrhundert urkundlich erwähnt. Sehenswert sind der dreieckig gestaltete Innenhof, der Hungerturm und das Museum. Schon allerhand spannende Gäste gingen hier aus und ein und bis heute hat das Eiland seinen Zauber bewahrt: Hochzeitstermine auf Schloss Ort sind bei Heiratswilligen begehrt wie warme Semmeln!

Wo?

Ort 1, 4810 Gmunden. Neben Schloss Ort ist auch die hübsche Altstadt sehenswert.

Wann?

April bis Oktober Mo–Fr 9.30–15 Uhr, So 9.30–16 Uhr. Für Außenbesichtigung frei zugänglich. Infos: Tel. +43 676 88794501, www.gmunden.at/kultur-freizeit-tourismus/schloss-ort

Wichtiges

Am Seeufer von Gmunden gibt es zwei traditionsreiche Konditoreien: Konditorei Grellinger (Franz-Josef-Platz 6, https://konditorei-grellinger.at) und Konditorei Baumgartner (Esplanade 1, www.konditorei-baumgartner.at).

Die Heiligen Drei Könige und Lichtgestalten in den Rauhnächten.

Einer der schönsten Winterbräuche des Landes findet nur einmal im Jahr immer am Abend des 5. Januars, der sagenumwobenen Dreikönigsnacht, statt: der Lauf der Glöckler im Salzkammergut. Dabei handelt es sich um die letzte Rauhnacht zwischen Weihnachten und dem Dreikönigstag und sie galt bei der ländlichen Bevölkerung schon immer als unheimlichste Nacht des Jahres.

Heidnische und christliche Elemente

Die Ursprünge der Glöcklerläufe reichen möglicherweise tief in heidnische Glaubensvorstellungen hinein und haben sich später mit christlichen Weihnachtsbräuchen zu einer alpenländischen Symbiose verschmolzen. Als *Schönperchten* beziehungsweise Lichtgeister sollen die Glöckler die finsteren Mächte der „Wilden Jagd" vertreiben und ein gutes neues Jahr einläuten. Im Gegensatz dazu finden in anderen Gegenden – speziell im Bundesland Salzburg – zur Weihnachtszeit Perchtenläufe mit „Schiachperchten" statt – zottige Gestalten mit furchterregenden Masken und Hörnern.

Immaterielles Kulturerbe am Traunsee

Epizentrum der Glöcklerläufe ist der oberösterreichische Traunsee und speziell Ebensee am südlichen Ufer, dessen Glöcklerlauf sogar als „Immaterielles Kulturerbe Österreichs" geadelt wurde. Aber auch in Gmunden hat der Brauch eine lange Tradition. Um kurz nach 18 Uhr beginnt das Spektakel am Seeufer: Dann landen die Heiligen Drei Könige mit einem Schiff im Hafen und ziehen Richtung Rathaus, es werden Weihnachtslieder gesungen. Schließlich laufen die Glöckler aus verschiedenen Himmelsrichtungen auf dem Rathausplatz ein und präsentieren die einzigartigen Kunstwerke über ihren Häuptern. Ursprünglich handelte es sich bei den weiß gekleideten Gestalten mit ihren Kuhglocken am Rücken und den pyramidenartigen Laternen über dem Kopf um unverheiratete Männer – mittlerweile nehmen große Teile der Bevölkerung an dem Spektakel teil, unter ihnen auch Frauen und Kinder. Teilweise sind die Motive der bis zu 15 Kilogramm schweren Kappen individuell und aufwendig mit regionalen Motiven gestaltet. Nach circa anderthalb Stunden ist der einzigartige Lichterzauber auch schon wieder vorbei. Bei den Glöcklerläufen muss niemand Angst haben und alles geht gesittet und würdevoll über die Bühne.

Wo?

In der Traunsee-Region; unter anderem in 4810 Gmunden oder 4802 Ebensee

Wann?

Immer am Abend des 5. Januars (österreichisch: Jänner)

Wichtiges

Wer sich nach dem Glöcklerlauf bei Speis und Trank in einem Restaurant aufwärmen möchte, sollte reservieren – etwa im Weinhaus Spies gleich im Zentrum beim Rathausplatz (Kirchengasse 3, Tel. +43 7612 67770).

»Als Schönperchten beziehungsweise Lichtgeister sollen die Glöckler die finsteren Mächte der ‚Wilden Jagd' vertreiben und ein gutes neues Jahr einläuten.«

Der dunkle Schatten eines historischen Schmuckstücks.

Der dunkle Schatten gleich vorweg: Die historische Tatsache, dass Adolf Hitler in der alten Innviertel-Stadt geboren wurde und hier seine ersten Jahre als Baby und Kleinkind verbrachte, wird Braunau wohl ewig anhaften. Lediglich zwischen 1889 und 1892 bewohnte die Familie das Haus, ehe sie nach Passau weiterzog. Die genaue Lage der Wohnung ist bis heute unter Historikern umstritten. Das leicht verfallene und abweisend wirkende Haus in der Vorstadt 13 und dessen zukünftige Nutzung standen jahrzehntelang zur Diskussion. Nun ist eine Entscheidung gefallen: Das Gebäude wird umgebaut und dient zukünftig als Dienststelle der österreichischen Polizei. Vor dem Gebäude existiert ein Gedenkstein für die Opfer des NS-Regimes.

Überraschend schön und authentisch

Doch jenseits ihrer historischen Erblast zählt Braunau zu den schönsten Altstädten Oberösterreichs. Zur bayerischen Schwesterstadt Simbach ist es nur ein Katzensprung über die Innbrücke und auch geschichtlich besitzt Braunau sehr viel bayerisches Genmaterial – erst im 18. Jahrhundert fiel die Stadt den Habsburgern zu. Bis heute hat sie das bayerische Rautenmuster im Wappen bewahrt. Es prangt beispielsweise an der Fassade des Salzburger Tores mit dem mächtigen Stadttorturm.

Rarität: eine mittelalterliche Badestube

Der belebte Stadtplatz ist im typischen Inn-Salzach-Stil erbaut. Fast noch spannender sind aber die abzweigenden, kleinen Seitengassen. Rund um die prächtige Pfarrkirche Sankt Stephan gibt es viel zu entdecken: Uralte Gemäuer, schmiedeeiserne Zunftschilder und Steindenkmäler wie die Grabplatte des sagenumwobenen Stadthauptmanns Hans Staininger aus dem 16. Jahrhundert, dessen Bart bis zum Boden reicht. Ein ebenso idyllischer Bereich liegt zwischen Salzburger Tor und Heilig-Geist-Spital. Ein Denkmal in einer kleinen Parkanlage erinnert an den Nürnberger Buchhändler Johann Philipp Palm, der während der napoleonischen Besatzung 1806 in Braunau hingerichtet worden ist und als Pionier der Pressefreiheit gilt. Ganz in der Nähe kann man auch eine restaurierte Badestube aus dem Mittelalter gegen einen kleinen Obolus (Automat) besichtigen und erfährt einiges über die Wellness-Programme vor 500 Jahren.

Wo?

5280 Braunau liegt circa 60 km nördlich von Salzburg direkt an der bayerischen Grenze. Die Stadt ist ein beliebter Zwischenstopp auf dem Inn-Radweg Richtung Passau.

Wichtiges

Wer vom bayerischen Mühldorf aus mit der Eisenbahn nach Simbach anreist, erreicht Braunau zu Fuß in circa 20 Minuten.

Ein bunter Stadtplatz und herrliche Sonnen-untergänge am Inn.

Nur wenige Minuten benötigt der Zug von der Dreiflüssestadt Passau ins benachbarte Schärding. Die kleine Stadt liegt direkt an der bayerischen Grenze und eignet sich ideal für einen Halbtagsausflug. Die kompakte Altstadt besitzt einen hübschen Stadtplatz mit bunten Häuserfassaden. Die Seele kann man im romantischen Schlosspark oder an der Innlände wunderbar baumeln lassen – herrlicher Sonnenuntergang inklusive!

Die Farben der Fassaden hatten ihren Sinn

Der Untere und insbesondere der Obere Stadtplatz – Schärdings gute Stube – sind Musterbeispiele barocker Architektur. Einige Cafés und Restaurants laden zur gemütlichen Einkehr und zum Sehen und Gesehen werden ein. Insbesondere das Sehen nach oben bereitet Freude: Mit der sogenannten Silberzeile hat sich ein einzigartiges Fassaden-Ensemble aus spätbarocken Sonnengiebeln erhalten. Bei schönem Wetter sind die bunten Häuserfassaden ein beliebtes Fotomotiv. Sie erinnern an die ehemaligen Zunftfarben, die es der damals größtenteils analphabetischen Bevölkerung erleichterte, sich zu orientieren. Gelb waren beispielsweise Herrschaftshäuser oder herrschaftliche Brauereien, rot die Bauten der Metzger und blau die der Bäcker.

Am bayerisch-österreichischen Grenzstrom

Vom Stadtplatz aus bietet sich ein kleiner Stadtspaziergang an: Durch das Schlosstor mit Stadtmuseum und weiß-blauem Rautenwappen an der Fassade, welches an die Jahrhunderte der bayerischen Herrschaft erinnert, ist es nur ein Katzensprung zum Schärdinger Schlosspark. Die kleine, liebevoll gestaltete Parkanlage ist ein Ort zum Träumen und Entspannen mit Blumenpracht, Barockputten und der Statue des heiligen Florian. Von den Aussichtsterrassen schweift der Blick weit über die historischen Häuser des Burggrabens und den mächtigen Inn hinweg bis in die Wälder Niederbayerns. Über eine steile Steintreppe gelangt man hinab zur Alten Innbrücke mit der Touristeninformation. Flussabwärts flaniert man die Innlände entlang, an der sich im Sommer Einheimische und Besucher, Liebespaare und Angler das Ufer teilen – allen gemeinsam der Blick auf das am anderen Ufer gelegene, bayerische Schloss Neuhaus. Wenn sich die Sonne im Westen langsam senkt, scheint der Alpenstrom kurz vor seiner Mündung in die Donau noch einmal alle Register zu ziehen. Über das mächtige Wassertor mit seinen Hochwassermarken und das Granitmuseum kommt man wieder zurück zum Stadtplatz.

Wo?

4780 Schärding. Anfahrt: A3 Passau–Linz Ausfahrt Schärding. Von Passau und Wels aus verkehren regelmäßig österreichische Züge mit Halt in Schärding (Fahrzeit von Passau: 10–15 Min.).

Wann?

Besonders reizvoll in der warmen Jahreszeit

Wichtiges

Es gibt etliche gute Restaurants und auch einige sehr schmackhafte einheimische Biere (Baumgartner, Kapsreiter). An der Innlände starten Ausflugsschiffe in Richtung Passau und wieder zurück (www.innschifffahrt.at).

Wo Bayernherzog Tassilo seinen Kelch hinterließ.

Kremsmünster ist nicht nur ein wahrer Leckerbissen für Liebhaber von Klöstern: Es ist geschichtlich und kunsthistorisch einer der wichtigsten Plätze Oberösterreichs. In Form des Tassilokelchs beherbergt das Stift zudem eines der wertvollsten Kleinode des frühen Mittelalters. Ein barocker und bis heute kulinarisch genutzter Leckerbissen ist der original erhaltene Fischkalter.

Mittelalterliche Anmut

Die Wurzeln reichen weit ins Mittelalter zurück: Bereits 777 wurde das Benediktinerstift vom Bayernherzog Tassilo III. – ein Vetter Karls des Großen – gegründet und ist somit eines der ältesten Klöster der Alpenrepublik. Nicht historisch verbürgt, dafür umso dramatischer und märchenhafter liest sich die Gründungslegende: Demnach soll Tassilos Sohn Gunther bei einem Jagdunfall von einem Eber getötet worden sein. Als der Vater den Leichnam fand, erschien im Wald ein Hirsch mit brennenden Kerzen auf dem Geweih, woraufhin der Bayernherzog die Gründung des Stifts gelobte. In der Stiftskirche kann man das Gunthergrab aus dem Jahre 1304 bestaunen. Das Hochgrab präsentiert Gunther mit Jagdhorn, Speer, Jagdhund und Eber – bemerkenswert sind die edlen Züge des Antlitzes und die friedliche Harmonie der Figurengruppe. Im Klostervorhof thront über dem Tor die Statue des Bayernherzogs, welcher die daneben stehende Statue Kaiser Karls des Großen sogar noch überragt.

Frische Fische seit der Barockzeit

Im Rahmen der Stiftsführung kommt man dann dem berühmtesten Exponat Kremsmünsters und quasi „Heiligem Gral" Oberösterreichs ganz nahe: dem Tassilokelch (genauer: Tassilo-Liutpirc-Kelch), der an die Hochzeit Tassilos mit der Langobardentochter Liutberga erinnert. Bis heute wird er am 11. Dezember, dem Todestag des selig gesprochenen Stifters, und am Gründonnerstag von den Benediktinern als Messkelch verwendet. Ein weiteres Glanzlicht ist die Stiftsbibliothek mit wertvollen mittelalterlichen Handschriften. Eine Besonderheit weltlicher Natur dagegen stellt der sogenannte Fischkalter dar – eine aus fünf gemauerten Becken bestehende, von Säulen umringte und mit Brunnenfiguren und Geweihen geschmückte Anlage, die in Europa ihresgleichen sucht und bis heute genutzt wird. Doch damit nicht genug an Attraktionen: Kremsmünster besitzt auch eines der ältesten Hochhäuser Mitteleuropas: Gleich hinter dem Stift erhebt sich eine achtstöckige Sternwarte aus dem 18. Jahrhundert.

Wo?

Stift 1, 4550 Kremsmünster, Autobahnabfahrt A1 „Sattledt". Vom Linzer Hauptbahnhof aus verkehren Regionalzüge.

Wann?

Es finden regelmäßig Führungen statt, unter anderem auch in Kombination mit der Sternwarte. Die Zeiten und Preise erfährt man unter www.stift-kremsmuenster.at

Wichtiges

Aufgrund der umfassenden Innensanierung der Stiftskirche ist diese bis 2026 nur sehr eingeschränkt zu besichtigen. Zum Jubiläumsjahr 2027 – 1250 Jahre Stift Kremsmünster – erstrahlt die Stiftskirche in neuem Glanz.
In der Stiftsschank werden raffinierte saisonale und regionale Schmankerl serviert: vom Fasan über Pilzgerichte und Spargelvariationen bis hin zur Forelle aus dem Fischkalter. www.stiftsschank.at

Eine Nacht über der Stadt und ein Tag zwischen Heiligen.

Gleich mit mehreren Besonderheiten kann die kleine oberösterreichische Stadt Enns aufwarten: Aufgrund ihrer historischen Wurzeln bezeichnet sie sich als älteste Stadt Österreichs, die Kirche St. Laurenz steht auf den Ruinen der bedeutenden Römer-Metropole Lauriacum – und als wäre das noch nicht genug, besitzt Enns auch ein Schloss und einen der schönsten Stadttürme Österreichs.

Eine romantische Nacht im Stadtturm

Bereits von der Autobahn oder aus dem Zug ist das Wahrzeichen der Stadt zu sehen. Mitten in der Altstadt gelegen und von imposanten Malereien verziert, sollte man unbedingt die Stufen des Stadtturms erklimmen – bietet sich doch von der Aussichtsplattform aus ein fantastischer Rundumblick über Mühl- und Waldviertel sowie gen Alpen und Richtung Linz mit seinen Industrie-Schloten. Eine romantische Nacht im Turm gefällig? Das einstmals vom Türmer bewohnte Zimmer kann als Hotelzimmer gemietet werden – inklusive Dusche in der ehemaligen *Rauchkuchel* (Küche). Nicht weit entfernt liegt auf dem Georgenberg, einer kleinen Anhöhe, das strahlend weiße Schloss Ennsegg aus dem 16. Jahrhundert. Es beherbergte im Laufe der Jahrhunderte so manch illustren Gast – unter anderem Kaiserin Maria Theresia mit ihrem Ehemann Franz Stephan von Lothringen und Tochter Marie-Antoinette auf deren letztlich unheilvollem Weg nach Frankreich.

Keimzelle des frühen Christentums

Etwas außerhalb liegt im Ortsteil Lorch mit der Basilika Sankt Laurenz das kulturhistorisch wohl interessanteste Bauwerk von Enns. Es stellt eine Zeitreise von der römisch-keltischen Antike über das Frühchristentum bis hin zum Mittelalter und der Neuzeit dar. Im Kirchenschiff sind römische Mauerreste aus der Römerstadt Lauriacum erhalten geblieben. Gleich zwei bedeutende katholische Heilige stehen in enger Verbindung zu Lorch: Der heilige Florian und seine Gefährten fanden hier im 4. Jahrhundert den Märtyrertod und auch der heilige Severin soll etliche Wunder bewirkt haben. Mit Fug und Recht zählt Lorch zu den bedeutendsten Keimzellen des bayerisch-österreichischen Christentums. Davon zeugen auch die barocken Monumentalgemälde „Stadt Enns und ihre Schutzheiligen" sowie „Erzbischöfe von Lorch und Passau". Ein Meisterwerk der Gotik ist die Lorcher Madonna aus dem Jahr 1330.

Wo?

4470 Enns. An der Westautobahn A1 zwischen Linz und Amstetten gelegen (Ausfahrt Enns). Bahnhof unweit der Kirche St. Laurenz

Wann?

Turmbesteigung: tgl. 8–20 Uhr (Münzeinwurf 2 €). Infos zum Turmhotel: www.turmhotel.at

Wichtiges

Regionale Produkte wie Honig oder Most gibt es nahe des Stadtturms im Hofladen Enns, Linzer Str. 8, www.hofladen-enns.at

Kultstein mit Heilungs-Ritual und ein mumifizierter Pfarrer.

Dieser Ort ist etwas Besonderes und schon der Name impliziert eine gewisse Skurrilität: Sankt Thomas am Blasenstein! Hoch über der Donau gelegen, hat die Marktgemeinde einige Attraktionen zu bieten: Hier kann man einen natürlich mumifizierten Leichnam bestaunen und – eine gewisse Schlankheit vorausgesetzt – durch den Spalt eines gewaltigen Granitfelsens kriechen. Das soll Wunder wirken – der Glaube versetzt bekanntlich Berge!

Schmerzen mittels Durchschlupf heilen

Buckelwehluck'n heißt der Kultstein unweit der Pfarrkirche bei den Einheimischen seit vielen Generationen. Das bedeutet ins Hochdeutsche übersetzt so viel wie Kreuzwehlücke und wie der Name schon sagt, soll das Durchschlüpfen durch den Felsen (von Ost nach West) von Rückenschmerzen und Rheuma befreien. Solche Durchschlupfbräuche sind an vielen Orten Mitteleuropas bekannt und ihr Ursprung reicht möglicherweise zurück bis in vorchristliche Zeiten. Um den Ort zu christianisieren, hat man eine Bildsäule aufgestellt. Im Mittelalter soll der Felsen von einem Bergfried überbaut gewesen sein. Weit schweift der Blick gen Süden Richtung Donauebene und hinweg über die anmutige Hügellandschaft des Mühlviertels. Ob man nun an den Brauch glaubt oder ihn als Aberglauben belächelt – eines ist sicher: Wer sich schon einmal an einen dieser gewaltigen, von der Sonne gewärmten Granitriesen im Mühl- oder Waldviertel gelehnt hat, wird feststellen, welch starke Energie von dem Millionen Jahre alten Gestein abstrahlt.

Wundersames in der Mumienkammer

Sankt Thomas kann aber noch mit einer weiteren Attraktion aufwarten – und dafür muss man nicht extra nach Ägypten reisen: In einer Gruftkammer, die man durch den Kreuzgang bei der Kirche erreicht, ist eine einzigartig erhaltene Mumie zu bewundern. Denn an ein Wunder grenzt der fabelhafte Erhaltungszustand des natürlich mumifizierten Leichnams aus dem 18. Jahrhundert. Früher nannte ihn die Dorfbevölkerung etwas despektierlich den *luftg'selchten* Pfarrer. Mittlerweile hat er auch einen Namen: Laut neueren Untersuchungen handelt es sich um Franz Xaverius Sydler de Rosenegg (1709–1746), der hierorts als Pfarrvikar gewirkt hat. Die genauen Gründe der Mumifizierung sind bis heute nicht endgültig erforscht.

Wo?

4364 St. Thomas am Blasenstein. Über kurvige Landstraßen von der B3 aus erreichbar von Perg oder Grein

Wann?

Buckelwehluck'n ganzjährig frei zugänglich (außer bei Schnee). Mumienkammer geöffnet April–Mitte Nov., Zutritt: 2 €

Wichtiges

Im Sommer eine Abkühlung gefällig? Der kleine Badesee des benachbarten Ortes 4324 Rechberg lädt zum Schwimmen ein. Das natürlich gespeiste Gewässer ist sehr weich und angenehm.

Die gespaltene Fußballseele einer Stadt und zwei neue Stadien.

Der österreichische Profi-Fußball war die vergangenen Jahre nicht gerade das Gelbe vom Ei, was Spannung und Abwechslung betrifft. Seit gefühlten Ewigkeiten dominiert Red Bull Salzburg die Liga und holt einen Meistertitel nach dem anderen, während die Wiener Traditionsvereine Rapid und Austria im Mittelfeld herumdümpeln. Eine Großstadt jedoch hatte in den vergangenen Jahren einen fußballerischen Höhenflug: Linz! Hier findet wieder ein Derby statt und beide Vereine dürfen in neuen Stadien kicken.

Neue Heimat auf der Gugl

Der Linzer Verein LASK (Linzer Athletik-Sport-Klub) machte hierbei den Anfang: Nach längerer Durststrecke hat sich der Traditionsverein mittlerweile wieder in der obersten Liga etabliert und durfte die vergangenen Jahre sogar international spielen. Das alte Stadion auf der Gugl wurde vor einigen Jahren durch ein nagelneues ersetzt. Die strahlend silberne Raiffeisen Arena fasst 19.080 Zuschauer und ist häufig ausverkauft. Legendär waren einst die Stadtderbys mit dem Rivalen der Stahl-Werksmannschaft Voest Linz. Die gibt es zwar unter diesem Namen seit Jahrzehnten nicht mehr, aber inoffiziell hat sich mit Blau-Weiß Linz ein Verein etabliert, der in der Nachfolge steht und auch dieselben Farben im Wappen führt.

Keine Platzverschwendung!

Die Blau-Weißen haben mit dem Hofmann Personal Stadion ebenfalls eine neue Wirkungsstätte erhalten. Sie liegt direkt an der Donau – das besondere dabei: Das Grundstück wird gleich doppelt genutzt und ist somit ein Vorbild für den behutsamen Umgang mit Flächen. Es wurde als Einheit mit einem großen Möbellager errichtet. Unten die Bettlatten und oben die Torlatten. Von außen wirkt das Stadion wie eine Shopping-Mall. Lediglich an den Flutlichtmasten und dem Vereinslogo erkennt man den eigentlichen Verwendungszweck. Innen angekommen, überwältigt die Atmosphäre. Die Stimmung ist gut, auch wenn der Verein um jeden Punkt kämpfen muss. Das Publikum besteht aus jungen Fans ebenso wie aus älteren Herrschaften, von denen einige einst noch den Stahlstadtverein SK Vöest Linz angefeuert haben. In gewisser Weise ist die Seele der nicht mehr existenten Werksmannschaft in die Blau-Weißen übergegangen. So gibt es in Linz wieder Derbys und auch auswärtige Besucher haben die Möglichkeit, in den beiden neuen Schmuckkästchen österreichische Fußballkunst zu bewundern.

Wo?

Raiffeisen Arena, Ziegeleistraße 76a, 4020 Linz. www.lask.at; Hofmann Personal Stadion, Straßerau 3, 4020 Linz, www.blauweiss-linz.at

Wann?

Neben den Fußballspielen finden in beiden Stadien auch Führungen statt. Termine: siehe Homepage

Wichtiges

Leider haben auch die Linzer Vereine Problemfans. Bei Derbys oder bei Duellen – etwa zwischen dem LASK und Rapid Wien – kommt es leider immer mal wieder zu Ausschreitungen.

Für Schwindelfreie: Österreichs höchsten Balkon besteigen.

Der Linzer Dom ist flächenmäßig größer als der Stephansdom zu Wien und damit Österreichs größte Kathedrale. Seit ein paar Jahren kann der Mariendom mit einem weiteren Superlativ aufwarten: Im Rahmen regelmäßiger Führungen besteht die Möglichkeit, den höchstgelegenen Balkon Österreichs zu erklimmen. Ein kleines Abenteuer, verbunden mit fantastischer Fernsicht!

Nach 633 Stufen dem Himmel ganz nah

Schon länger konnte man die klassische Aussichtsplattform auf halber Turmhöhe besteigen. In vielen anderen Städten gibt es bekanntlich ähnliche Möglichkeiten, hoch hinaus zu kommen. Doch was das Linzer Domcenter vor wenigen Jahren auf die Beine gestellt hat, ist wirklich etwas Besonderes: Über 633 Stufen geht es hinauf zum höchsten Steinbalkon Österreichs, der von unten winzig erscheint und auf dem tatsächlich nur eine begrenzte Teilnehmerzahl Platz findet.

Etwas Kondition sollte man schon mitbringen. Der Aufstieg ist abwechslungsreich und man gelangt über unterschiedliche Treppenkonstruktionen in Bereiche, die dem normalen Kirchenbesucher sonst verborgen bleiben. Eine willkommene Verschnaufpause auf halber Strecke bietet die größte Kirchenglocke Oberösterreichs. Schöner Nebeneffekt der Führung: Man erfährt generell viel Wissenswertes über die Kathedrale.

Weitblick über Donau, Altstadt und Alpen

Zum Schluss wird es immer enger. Die moderne Wendeltreppe, welche sich in der Kirchturmspitze hinaufwindet, ist selbst ein kleines Meisterwerk innerhalb der neugotischen Gesamtarchitektur. Als Belohnung des schweißtreibenden Aufstiegs – Schwindelfreiheit vorausgesetzt – wartet schließlich ein himmlisches Hochgefühl. Weit schweift der Blick über Oberösterreichs Hauptstadt, im Norden bis ins Mühlviertel und im Süden bis zu den verschneiten Gipfeln der Alpenkette. Nur noch wenige Meter sind es bis zur Kirchturmspitze, die zum Greifen nahe ist. Hier oben – weit über Donau und Linzer Hauptplatz – erschließt sich die ganze Schönheit der Landeshauptstadt und es wird einem bewusst, dass die oft als hässliches Entlein geschmähte Industriestadt viel schöner ist als ihr Ruf.

Wo?

Treffpunkt am Domcenter, Domplatz 3, 4020 Linz

Wann?

Anderthalbstündige Führung „Über die Himmelsstiege – 633 Stufen zum Hochgefühl" Apr.– Okt. immer Fr um 17.30 Uhr und Sa um16 Uhr

Wichtiges

16 € (Kinder 6–16 Jahre 8 €). Rechtzeitige Voranmeldung empfohlen, Tel. +43 732 946100, www.dioezese-linz.at/dom center

Von Bergbahn bis Grottenbahn für Groß und Klein.

Wie der Mönchsberg zu Salzburg oder der Leopoldsberg zu Wien, so gehört der Pöstlingberg zu Linz und ist das unumstrittene Naherholungsziel Nummer 1 der oberösterreichischen Landeshauptstadt. Hier ist für Groß und Klein etwas dabei: eine Kirche, eine nostalgische Grottenbahn und der wohl schönste Blick über die Stadt an der Donau.

Wallfahrtskirche, Rundweg und Fernblick

Schon die Fahrt mit der Pöstlingbergbahn ist ein Erlebnis. Direkt am Linzer Hauptplatz kann man in die Adhäsionsbahn (Reibungsbahn) einsteigen, die einen zunächst über die Donau und dann mittels ihres speziellen Antriebs, welcher eine Steigung von bis zu 12 % überwindet, gemächlich auf den Paradeberg befördert. Oben angekommen, kann man entweder einen Rundgang über die Maximilianischen Anlagen – militärische Wehranlagen aus den 1830er-Jahren – unternehmen oder der Wallfahrtskirche Maria Schnee einen Besuch abstatten. 1717 brachte ein Kapuzinerbruder aus dem heutigen Linzer Stadtteil Urfahr das Gnadenbild bei einem Wetterkreuz an. Es stellt eine *Pietà* dar – eine Muttergottes mit dem Sohn auf dem Schoß und einem Schwert in der Brust. Eine wundersame Heilung bildete den Startschuss der Wallfahrt. Einige Jahre später wurde die Kirche errichtet. Der Blick von der Pöstlingberg-Aussichtsterrasse über die Linzer Altstadt und die Industrietürme des Stahlwerks bis hinein in die Alpen ist atemberaubend. Für das leibliche Wohlergehen sorgt ein großes Ausflugslokal mit schönem Gastgarten.

Eintauchen in die Zwergenwelt

Eine ganz besondere Attraktion, nicht nur für Kinder, ist die nostalgische Linzer Grottenbahn. Bereits seit 1906 transportiert Lindwurm Lenzibald die Besucher ins Innere des Berges. Einstmals ging die Märchentour über vier Runden, wobei die letzte Runde in absoluter Finsternis absolviert wurde – lediglich ein Schild „Küssen verboten“ war zu sehen. Heute sind es nur noch drei Runden, wobei jeweils unterschiedliche Nischen beleuchtet werden. Im Untergeschoss kann man die detailgenaue Nachbildung des Linzer Hauptplatzes bestaunen.

Wer Gefallen an den Linzer Hausbergen gefunden hat: Auch der Freinberg am gegenüberliegenden Donauufer ist einen Ausflug wert. Er erstreckt sich westlich des Linzer Schlosses, besitzt einen Keltenwall und mit der Franz-Josephs-Warte einen Aussichtsturm mit Fernblick bis weit in die Alpen hinein.

Wo?

Mit der Pöstlingbergbahn (Linie 50) vom separaten Gleis am Linzer Hauptplatz in 25 Minuten auf den Pöstlingberg; eigener Tarif, auch als Kombi-Ticket inklusive 24-Stunden Linz erhältlich

Wann?

Linzer Grottenbahn: geöffnet März–1. Nov. sowie Adventssonntage und 8.12. 10–17 Uhr, Jun.–Aug. bis 18 Uhr

Wichtiges

Eintritt: 6,80 €, Kinder 3,80 €, Familie 17,20 €

Reise Know-How Verlag

Vorderer Gosausee – Foto: AdobeStock, Andrew Mayovskyy

Haben Sie durch Soul Places neue Lieblingsorte entdeckt?

Dann schreiben Sie uns – wir freuen uns über Feedback und Fotos!

soulplaces@reise-know-how.de

@reiseknowhowverlag

@ReiseKnowHow

Alle erhältlichen Titel unter: **www.soulplac.es**

Impressum

Sven Eisermann
Soul Places Österreich – Die Seele Österreichs spüren

Soul Places ist eine Marke von
Reise Know-How Verlag Peter Rump GmbH,
Osnabrücker Str. 79, 33649 Bielefeld
Deutschland, +49-521-946490
info@reise-know-how.de

1. Auflage 2024

ISBN 978-3-8317-3864-9

Druck und Bindung: Druck- und Verlagshaus Zarbock GmbH & Co. KG, Frankfurt am Main

Idee & Konzept: Wayan Rump
Gestaltung und Bearbeitung: der Verlag, Anna Hildebrandt

Fotonachweis: Cover: AdobeStock: auergraphics | Soul Place 1: (rechts unten 3) AdobeStock: ontronix | 6: (oben 1) AdobeStock: Stefan | 8: (1, 3) AdobeStock: mRGB, Alexander Reitter | 15: (1, links unten 2, 3) AdobeStock: Monika, auergraphics, JFL Photography | 16: (1, 2) Adobe Stock: gallas, Inti St. Clair/Danita Delimont | 18: (1) Adobe Stock: cagala | 21: (1, 3) AdobeStock: defpics, Pecold | 23: (1, 2) AdobeStock: Ewald Fröch, Alexander Wurditsch | 24: (1) AdobeStock: Christian Krammer | 25: (2) AdobeStock, Klepo | 28: (1, 3) AdobeStock: mehdi33300 | 29: (1, 2, 3) Rogner Bad Blumau ©Hundertwasser Architekturprojekt, Parktherme Bad Radkersburg – Harald Eisenberger | 30: (4) AdobeStock: Przemyslaw Iciak | 35: (1, 3) AdobeStock: hannes6380, Anita Pravits | 36: (1) AdobeStock: borisb17 | 37: (1) AdobeStock: Rainer Mirau | 44: (1, 2) AdobeStock: Peter, Uschi | 45: (1) AdobeStock: Jan | 48: (4) AdobeStock: olezzo | 49: (2) AdobeStock: Steeve ROCHE | 53: (3, 4) AdobeStock: Frank Krautschick, SusaZoom | 54: (1, 2) TVB Alpbachtal, Gabriele Grießenböck | 55: (2) Adobe Stock: RS.Foto | 61: (2,3) AdobeStock: Marc, fotofox33 | 65: (1, 2, 4) AdobeStock: hungry_herbivore, Tobias Arhelger, Alexander | 66: (1, 3) AdobeStock: C.Y.やまざきちよこ, SF/Marco Borrelli | 67: (2) AdobeStock: blende40 | 71: (1) AdobeStock: Karl | 73: (1) AdobeStock: mRGB | 76: (1, 2) AdobeStock: romanple, Spitzi-Foto | 77: (3) wikimedia commons: Duke of W4 | 79: (3) AdobeStock: Sebastian Krüger
Alle weiteren Bilder: Sven Eisermann

Bibliografische Information der Deutschen Nationalbibliothek
Die Deutsche Nationalbibliothek verzeichnet diese Publikation in der Deutschen Nationalbibliografie; detaillierte bibliografische Daten sind im Internet über http://dnb.dnb.de abrufbar.

Reise Know-How-Bücher finden Sie in allen gut sortierten Buchhandlungen. Falls nicht, kann Ihre Buchhandlung unsere Bücher hier bestellen:
D: Prolit, prolit.de und alle Barsortimente
A: Freytag-Berndt und Artaria KG, freytagberndt.com
CH: AVA Verlagsauslieferung AG, ava.ch
B, LUX, NL: Willems Adventure, willemsadventure.nl
oder direkt über den Verlag: **www.reise-know-how.de**

Wir freuen uns über Kritik, Kommentare und Verbesserungsvorschläge, gern per E-Mail an info@reise-know-how.de.